Siete claves para ser feliz

-construyendo un cerebro poderoso-

Elisabeth S. Fergunson

Ediciones Afrodita

Temario:

Cap.1 Permanecer en el presente
Cap.2 Probar cosas nuevas
Cap.3 Sentirse positivo
Cap.4 Vencer la procrastinación
Cap.5 Ser resilientes
Cap.6 Lograr la paz interior
Cap.7 Fortalecer la autoestima

Capítulo 1
Permanecer en el presente

La regla "disfruta el presente" en el lenguaje de la psicología significa: "disfruta el helado que está en tu mano", y está aquí y ahora.

"Aquí", es el único LUGAR donde necesita vivir, y ahora, este es el TIEMPO en el que necesita vivir.

El poder de la vida se manifiesta exclusivamente en el presente.

Vivir el momento disipa los arrepentimientos, supera la ansiedad, reduce el estrés.

Concéntrate en lo que TÚ HACES ("aquí y ahora"), y no en lo que has hecho en el pasado o harás en el futuro.

Recuerda que para un sabio cada día se abre una nueva vida.

La felicidad no se encuentra en años, meses, semanas o días, se presenta y existe solo en el momento, o, mejor dicho, ¡aquí y ahora!

Toma del presente lo que es tuyo por derecho.

Lo que realmente te pertenece son momentos de tiempo "ahora". Sólo desde la posición del "ahora" uno puede verdaderamente disfrutar la vida, sentir su belleza, sentir su armonía.

El hombre corre por la vida; cogiendo cada vez más velocidad -ayer tenía 20, 25, 30 años, mañana... 40, 45, 50... A veces no tiene tiempo para parar, disfrutar de lo conseguido, mirar hacia atrás el camino recorrido. Una persona se convierte en un adicto al trabajo, es decir, que ya no ve nada en su vida excepto su trabajo.

Recuerda que nuestra vida terrenal es demasiado corta y preciosa para desperdiciarla en recuerdos desagradables.

Se estima que con una esperanza de vida humana promedio de 76 años (que son aproximadamente 4 mil semanas), 1/3 del tiempo se dedica a dormir y solo quedan 2660 semanas, ¡que son solo 64 mil horas!

No cruces el puente hasta que lo hayas alcanzado

Aprender: primero, afrontar los problemas a medida que surgen, y segundo, separarse de ellos cuando desaparezcan.

Por desgracia, para muchos "hoy" es el "mañana" por el que se preocuparon "ayer".

Desafortunadamente, hay muchas personas cuyas vidas están llenas de terribles desgracias, la mayoría de las cuales nunca sucedieron.

No te preocupes prematuramente por aquellos hechos que aún no han ocurrido, y tampoco te preocupes por lo que no te concierne.

La vida de una persona a su edad es un paso adelante en un camino que no tiene fin.

Al tener una naturaleza espiritual, la vida humana no tiene fin. Ella es interminable. La realización de este hecho inspira y hace a una persona verdaderamente inmortal. Debes creer que tu futuro es un proceso de rejuvenecimiento, no de envejecimiento progresivo. Tu edad (la que tienes) es sólo el comienzo del florecimiento de la sabiduría, la fortaleza, la fuerza espiritual y física.

La muerte terrenal no significa el fin de todo, sino el comienzo de una nueva forma de vida. La gente piensa que hay nacimiento, desarrollo, madurez, vejez, muerte. Otros piensan diferente: lo que la gente suele llamar muerte no es más que una partida a un nuevo lugar de residencia, una transición a una nueva calidad, a otras dimensiones de la vida.

Aprende a amar el tiempo que pasas haciendo tu trabajo.

Si un tercio de su vida - tiempo de trabajo - está haciendo algo que no le gusta y está en un "traje de resistencia" (en el que otros ven la inscripción: "¡Listo (a) para estar en cualquier lugar, pero no aquí!"), entonces esto necesariamente afectará negativamente los dos tercios restantes de su vida.

Si odias esas ocho horas convencionales en las que trabajas, tal estado emocional necesariamente tendrás consecuencias negativas tempranas para tu salud mental y física.

Recuerda que el tiempo es quizás lo único que no se puede devolver.

Es muy apropiado dar aquí un fragmento de una conversación entre un hombre rico y un hombre sabio, cuando el primero con una oración se dirige al segundo: "¡Te daré mil millones de dólares, pero... devuélvemelo ayer!" Por desgracia, esto es algo que, lamentablemente, no se puede devolver.

Aprende desde la posición del "presente" para evaluar positivamente tu pasado.

Esto es importante, porque es la experiencia pasada la que le permitirá evitar errores repetidos. La actitud hacia la experiencia pasada es el indicador más importante de la sabiduría de una persona.

El pasado es la historia de su vida, ame su historia, porque, primero, es única e irrepetible, y segundo, es suya, y no la historia de otra persona.

Recuerde que no solo el pasado afecta el presente, ¡sino que el presente también cambia el pasado!

Dentro de cada uno de nosotros hay un enorme almacén de imágenes y sentimientos pasados, el recuerdo de nuestros fracasos y victorias. Como grabaciones en cinta, estos sentimientos e imágenes están "grabados" en nuestro cerebro. Hay historias con finales felices e infelices. Tú eliges cuál de ellos "poner" de nuevo.

Como han establecido los psicólogos, estos registros (engramas) pueden cambiarse y modificarse de la misma manera que se hace con los registros en una cinta magnética, cuando se les introduce material adicional, se reemplazan piezas enteras.

Esto es muy alentador, porque da motivos para creer que las experiencias difíciles, infelices, los traumas de la infancia no son eternos ni fatales, como algunos científicos intentaron asegurarnos recientemente. Ahora sabemos que el pasado no solo influye en el presente, sino que el presente también cambia el pasado. En otras palabras, no hay "maldición del pasado" en absoluto, no predetermina el presente de una vez por todas.

Recuerde que el futuro depende enteramente de usted mismo, de lo que pueda hacer en el presente.

El pasado puede explicar cómo llegó a donde está ahora, pero a dónde va de ahora en adelante depende totalmente de usted.

Cuando escuchas música que no te gusta, no intenta que el reproductor cambie la melodía, simplemente cambia el registro. Entonces, solo resucita otras imágenes en su memoria, y los sentimientos vendrán por sí mismos. Recuerde constantemente esta oportunidad, que está en su poder organizar su vida futura de una manera nueva.

No luche contra los fantasmas del pasado, no se preocupe por el mañana, sino concentre tu atención y disfrute el presente.

Es absolutamente cierto que es necesario planificar el futuro, pero solo planificar, y no tratar de vivir en el mañana, especialmente en el pasado.

Haga un ejercicio de pensamiento positivo regular llamado "Exactamente hoy".

Este ejercicio bastante efectivo de pensamiento positivo fue propuesto por D. Carnegie. Obtuvo su nombre "Exactamente hoy". Léalo cuantas veces sea necesario, incluso lo puede llevar en un papel y repasarlo cuando guste:

• "Es hoy que la felicidad vendrá a mí. La felicidad está dentro de nosotros; no es el resultado de circunstancias externas. Por lo tanto, una persona es tan feliz como está decidida a ser feliz.

- Sólo por hoy intentaré adaptarme a la vida que me rodea, y no intentaré adaptar todo a mis deseos. Aceptaré mi familia, mi trabajo, las circunstancias de mi vida tal como son, y trataré de cumplirlas a cabalidad.

- Hoy cuidaré mi cuerpo. Haré ejercicios, cuidaré mi cuerpo, evitaré influencias y pensamientos dañinos. Mi cuerpo cumple con gusto todos mis requerimientos y actitudes.

- Justo hoy trataré de prestar atención al desarrollo de mi mente. Aprenderé algo útil. No tengo pereza para el trabajo mental. Leeré con interés lo que requiera esfuerzo, reflexión, concentración.

- Es hoy que me dedicaré a la auto superación moral. Para ello, haré algo bueno, útil para alguien y haré dos cosas que no quiero hacer.

- Hoy seré amable con todos. Trataré de lucir lo mejor posible, ser amable y generoso con los elogios, y no molestar a las personas e intentar corregirlas.

- Es hoy que trataré de vivir solo por hoy, sin tratar de resolver los problemas de toda mi vida a la vez. Realizo fácilmente cualquier trabajo, incluso rutinario.

- Hoy esbozaré el programa de mis asuntos, escribiré lo que voy a hacer cada hora. Este programa me ahorrará las prisas y. indecisión incluso si no puedo hacerlo exactamente.

• Justo hoy pasaré media hora en paz y soledad y trataré de relajarme.

• Justo hoy no tendré miedo de la vida y de mi propia felicidad. Amaré y creeré que los que amo me aman.

La eficacia del texto de este programa personal actualizado aumenta significativamente si se lee en voz alta, clara y lentamente por la mañana inmediatamente después de despertarse".

Domina la habilidad (cuando sea necesario) para "vivir un día".

"Vive un día" es un buen modelo para restaurar una actitud positiva. Este modelo de comportamiento es útil en los casos en que necesita olvidarse de los problemas y organizar unas vacaciones especiales para usted: un día de auto curación.

La capacidad de concentrarse en un solo día le permite "ganar una carrera para el salto" y recuperar una actitud positiva después de un trauma mental severo.

Aprende a apreciar el tiempo actual y disfruta cada momento de tu vida.

Se le preguntó a un empresario en bancarrota, pero sabio: "¿Qué te comprarías si volvieras a tener mucho dinero?". Él respondió: "Me compraría ... más tiempo, incluso más tiempo para disfrutar de lo que se ha logrado".

Aprende a vivir plenamente, no solo a existir.

En muchas tumbas, por desgracia, uno debería escribir: "Murió a los 30. Enterrado a los 70".

Recuerda que el mejor día es hoy.

Es el presente el que nos da la oportunidad de elegir y actuar.

¿Dónde comienza y termina el presente? Estos límites son modificables. Antes de salir de casa, la cremallera de nuestra chaqueta se atasca y tiramos nerviosamente de ella; sin duda, esto es real. Pero tanto el viaje previsto para el próximo mes como los recuerdos de una fecha reciente también pertenecen al presente.

"El presente es ese período de tiempo con el que trabajamos, en el que podemos influir", enfatiza el filósofo Artemy Magun. "Hay un pasado que se ha establecido de forma irrevocable, con el que no podemos hacer nada. Pero al mismo tiempo, subsiste toda una serie de incompletitudes, y el presente les apela.

No somos capaces de resucitar a nuestro bisabuelo, pero podemos escribir su historia para que sea recordado, podemos tener hijos y transmitirles nuestro recuerdo de él. "El presente es ese modo de realidad en el que recogemos las posibilidades del pasado y las lanzamos al futuro como tareas, planes… y también miedos", prosigue el filósofo. "Por ejemplo, recordamos que hubo un holocausto, y hoy estamos tomando medidas para que esto no vuelva a suceder".

Además, cuanto más lejano es el futuro, menos depende de nosotros: es imposible decir con certeza que dentro de 20 años no habrá guerra.

El placer no puede ser una meta: surge solo como un efecto secundario en el proceso de realizar metas más grandes.

Pero el futuro inmediato, nuestra concepción de él, afecta lo que experimentamos ahora. Cuando nos apasiona una tarea interesante y vemos las perspectivas de su solución, entonces se convierte en la medida de la vida de hoy.

Resulta que el presente tiene diferentes niveles. Los grandes proyectos crean un contexto que le permite experimentar más plenamente los eventos que se desarrollan en este momento. "Si tenemos una gran escala, entonces las pequeñas escalas se vuelven accesibles para nosotros", señala el filósofo.

Lo contrario también es cierto: si tratamos de vivir solo el momento, se nos escapará.

El conocido llamado de Carpe diem - "Aprovecha el día" - a veces conduce no a la expansión, sino al estrechamiento del horizonte. Artemy Magun dice que ya en la Antigua Grecia la escuela de los epicúreos enseñaba: un hedonista debe ser un asceta, evitar los placeres para apreciarlos más, de lo contrario se convertirán en sufrimiento.

El placer no puede ser una meta: solo ocurre como un efecto secundario en el proceso de realizar metas más grandes.

El poder de la sorpresa

Una simple observación muestra que rara vez estamos presentes en el presente por nuestra propia voluntad. Mas a menudo nos vemos arrojados allí por situaciones extremas o no estándar. Por ejemplo, cuando un tren subterráneo se detiene en un túnel, el conductor dice: "Por favor, mantengan la calma. El tren partirá pronto".

¿De dónde viene la ansiedad? Este es un grado leve de miedo que surge de una colisión con el presente. Esta es una reacción a la imprevisibilidad, y es una parte integral del presente. Las fantasías y las reacciones neuróticas son predecibles. Pero la realidad no lo es. No podemos decir con certeza cuándo se moverá el tren, y no sabemos qué hacer si las cosas no salen según lo planeado.

La infancia pasada es el ejemplo más llamativo de la experiencia del "aquí y ahora"

Mientras tanto, sólo la presencia en el presente nos permite sentirnos plenamente vivos. Y como uno de los lados del presente -la reproducción, la repetición- para la mayoría, por cultura y crianza, resulta cerrado (aburrido, sin interés), el otro lado se vuelve más atractivo: lo repentino, lo extremo. Las peleas y los incendios reúnen a los espectadores.

La inherente imprevisibilidad del presente nos atrae, se vuelve muy interesante cuando no nos atañe personalmente. Cerca de ella, nos sentimos más vivos. Se puede decir que estamos tocando el "ahora", pero no el "aquí", porque esto no nos está sucediendo a nosotros. Y así la sed de estar vivo permanece insaciable.

Pero en vez de sumergirnos en nuestro propio presente, volvemos a ir en busca de experiencias fuertes, de arranques emocionales que nos saquen de un estado de estupor por un rato. Solo queda lamentar la frescura de los sentimientos y las percepciones que todos tuvimos en la infancia. Es una paradoja, pero la infancia pasada resulta ser el ejemplo más llamativo de experimentar el "aquí y ahora".

El cuerpo como evidencia

La emocionalidad se asocia con la fisicalidad, y la pérdida de la capacidad de experimentar las propias emociones se asocia con el abandono del cuerpo, característico de nuestra cultura.

Habitualmente hablamos de "propiedad del cuerpo", sin darnos cuenta de que la "propiedad" no es una relación de socios iguales, sino un amo y un esclavo. El cuerpo siempre vive en el presente. Pero lo dejamos en la cabeza, aislándonos de los sentimientos.

Sin embargo, llega un momento de rebeldía, cuando el cuerpo "esclavo" se niega a obedecer: comienza a doler. El dolor es una experiencia poderosa que inevitablemente nos devuelve al presente, a la realidad del momento actual. No es casualidad que, deseando cerciorarse de la realidad de las experiencias, decimos "pellízcame". Pero el dolor es "requerido" solo porque somos insensibles a sensaciones más suaves y sutiles.

¿Dónde estoy, qué estoy sintiendo, qué estoy pensando, qué está sintiendo mi cuerpo, qué me está pasando en este momento?

La característica principal de la civilización moderna es el control. Tan pronto como notamos algo, nos esforzamos por tomar ese "algo" bajo control, para comenzar a manejarlo. Con respecto a las experiencias, esto significa la destrucción de su naturalidad, espontaneidad. En efecto, soñamos a menudo que los sentimientos nos llegan a pedido y se apagan a la primera petición. Pero estar en el presente requiere otras habilidades: atención y confianza. Solo en estas condiciones podemos experimentar un contacto real, una co-presencia con nosotros mismos y con el mundo.

Parece que no tenemos otro camino hacia el presente, salvo las constantes preguntas: ¿Dónde estoy, en qué pienso?, ¿qué siente mi cuerpo?, ¿qué me está pasando en este momento?

¿Qué es vivir en el presente?

Cuando se trata de esto, muchas personas preguntan: ¿cómo es vivir en el presente y estar en el aquí y ahora?

Haga un experimento sencillo. Ahora mismo, leyendo este libro, ¿siente su cuerpo? ¿O se acordó de él cuando sugerí pensar en ello?

O, por ejemplo, ponerse de pie e intentar sacar algún objeto de la estantería. Encuentre un estante alto para que tenga que alcanzar el artículo. ¿Dónde estás? ¿Dónde está su conciencia mientras intenta alcanzar el objeto? La mayoría de ellos ya están en el estante. O incluso ya está haciendo algo con ese objeto. Pero, de hecho, en tu presente, en el aquí y ahora, todavía se está acercando, ¡y eso es todo!

Cuando va a la tienda o al coche para ir a trabajar, ¿dónde está su conciencia? La mayoría de las veces, en una tienda, en el trabajo, y sucede que, en un lugar completamente extraño, en el médico, en una cita romántica, que puede (o no) ser solo por la noche, o incluso en un resort donde se ve en un mes dos, pero no en la calle por la que camina.

Trate de contar con qué frecuencia está ocupado exactamente con lo que está haciendo ahora. ¿Qué porcentaje del tiempo vive en el presente?

La imagen habitual: una persona camina por la calle y piensa en su pareja, trabajo, hijos, padres, delincuentes, el futuro, el pasado, en cualquier cosa, pero no en lo que está haciendo ahora. Una persona lava los platos, practica deportes, se relaja en el sofá y, al mismo tiempo, está en cualquier lugar, pero no en el momento presente.

Es simple: si su conciencia está enfocada en lo que está haciendo en este momento en particular, estás en el Aquí y ahora enteramente. Si está ocupado con otra cosa, no estás en el presente.

En el mejor de los casos, su cuerpo está aquí. Separado de la conciencia, que, a su vez, está en otro lugar. Así como el cuerpo no está muy cómodo sin la conciencia, la conciencia no puede hacer nada sin el cuerpo, sin la energía de sus sensaciones.

Por lo tanto, el trabajo del cuerpo en este caso es en vano, y el trabajo de la conciencia no siempre trae satisfacción.

La mayoría de las veces, todo termina con la rotación constante de la conciencia en algunos círculos familiares, pero en esta rotación rara vez hay una solución adecuada para un problema molesto, y el cuerpo, abandonado en el modo de "piloto automático", no puede descansar por completo, ya que, sin embargo, no es capaz de trabajar completamente en aislamiento de la conciencia.

No discuto, hay momentos en los que no queremos hacer determinada cosa, pero debemos hacerlo. Nadie más lo necesita, pero nosotros sí.

Digamos que necesita limpiar, pero no le gusta lavar pisos. Puedo decir, por supuesto, que, si empieza a escuchar las sensaciones del cuerpo, ser consciente de qué grupos musculares están trabajando y fregar el suelo puede convertirse en una actividad interesante. Pero si realmente no le gusta en absoluto, bueno, tal vez sea el momento, en su caso, de pensar en algo distinto a la tarea que debe desempeñar.

Pero una elección consciente respecto a unas pocas actividades no muy favoritas es una cosa, pero una estancia casi constante e ininterrumpida en otro lugar, sin ninguna conciencia de ese hecho, es un caso completamente diferente.

¿Por qué es así, y qué está plagado de separación de la vida en el presente?

Los humanos, a diferencia de los animales, tenemos la capacidad de pensar de manera abstracta. Esto en sí mismo no es ni bueno ni malo. En algunos puntos, esto puede ayudar a una persona a resolver sus problemas, y en algunos momentos puede interferir.

Pero ahora estamos hablando de esas situaciones, y aún más, de una forma de vida en la que un énfasis excesivo en el pensamiento abstracto impide que una persona viva en el presente, resolviendo los problemas actuales de la manera más eficiente posible.

La capacidad de pensamiento abstracto a veces le juega una mala broma a una persona: le impide vivir en el presente, lo aleja de la realidad en la que está ocupado en este momento y convierte sus acciones en acciones ineficaces.

Aquí hay algunas quejas típicas de los clientes que creo que muchos se reconocerán como: "Cuando tengo sexo, a veces pienso en cómo me veo, qué piensa mi pareja de mí, si le gusta mi cuerpo, si la pareja está lo suficientemente contenta con lo que está pasando, ¿no sería excesivo ofrecer esto o aquello? Recuerdo a los ex socios, surgen viejas quejas/comparaciones/cuestiones, pienso en qué pasará si no sale bien…".

El resultado: disfunción eréctil, orgasmo, insatisfacción, miedos, tensión y, en general, sexo de mala calidad.

"Cuando voy a presentarle mi idea a mi jefe / Estoy pasando por una entrevista, pienso en lo que pensará el jefe de mí, si es apropiado hablar de esto y aquello, surgen fallas pasadas, pensamientos sobre qué pasará si la idea no gusta/no voy a pasar la entrevista, qué hacer a continuación..."

El resultado es una entrevista fallida, una idea no considerada, un desinterés por su personalidad y una depreciación de sus ofertas, una decepción general consigo mismo y una caída de la autoestima, lo que ahonda aún más los temores en la próxima entrevista o a la hora de hablar con superiores.

"Cuando entro en una nueva empresa, trato de imaginar lo que tengo que hacer y decir para complacer a la gente, pienso en mis líneas, imagino lo que puedo ser, me preocupo por lo que sucederá si esa situación se repite. cuando por el último año nuevo me sentí superfluo en la empresa, tratando de analizar qué hice mal".

El resultado es la alienación de las personas, la frialdad, la sensación de volver a ser superfluo, pensamientos tristes, daño a la autoestima, desesperación y decepción en lugar de emociones positivas.

¿Cuáles son las características de todas estas situaciones? Una persona está en cualquier lugar, pero no en el presente: en situaciones pasadas, en sueños y planes para el futuro, en fantasías (es decir, en general en una realidad abstractamente existente), en varias suposiciones "qué pasaría si".

El problema es que el énfasis en esta forma de percibir el mundo en la mayoría de nosotros lo plantean nuestros padres y nuestra cultura. ¡A cuántos de vosotros os dijeron en vuestra infancia y juventud: "pensad con la cabeza, tratad de prever las consecuencias, tal vez una u otra!" - y dar ejemplos de su propia experiencia o de otra persona, a menudo negativa.

El pensamiento en sí no es tan malo. Cuando pueda pensar en la información disponible, estimar las posibilidades, evaluar razonablemente sus capacidades y las reacciones de otros participantes en la situación, esto se puede hacer.

Pero todo el problema es que tiene un límite. Ni una sola herramienta analítica, ni siquiera la más perfecta, puede tener en cuenta todas las variables de este mundo. Nadie puede predecir todas las consecuencias. Ni una sola acción, teniendo en cuenta todas las inclusiones posibles de la realidad, puede predecirse por completo.

La realidad está cambiando. Vivir en el presente es descubrir constantemente algo nuevo para uno mismo. Si su experiencia pasada dice "Tengo un ejemplo de fracaso", esto significa que acaba de tener esa experiencia. Esto significa que puede sacar algunas conclusiones de esta experiencia, tal vez, para darse cuenta de cómo no debe actuar más.

Pero esta experiencia no significa en absoluto que la situación se repita. Además, si está abierto a los cambios en la realidad, entonces puede garantizarse que todo será de alguna manera diferente. La forma antigua será solo cuando usted mismo espere el giro habitual, aunque desagradable, de los acontecimientos.

Muchos se dejan engañar por acciones cotidianas y bien establecidas: el camino a lo largo de las rutas habituales, donde, al parecer, nada cambia, esquemas de vida que parecen seguros para algunos: "aprenda de algo y siempre tendrá un pedazo de pan", esquemas de vida en general: "criar un hijo, plantar un árbol y construir una casa", etc. En algunos casos realmente funcionan. Pero no funcionan con mucha seguridad.

¿Recuerdas cuántos de tus planes fueron destruidos por alguna "fuerza mayor"? Comenzando con los globales: la muerte de seres queridos, enfermedades graves, pérdida repentina de dinero, colapsos comerciales o crisis políticas y económicas, hasta un resfriado banal que sucedió "justo" en el día más importante, no menos banal retraso en el tren o incluso un carámbano que cae repentinamente sobre el techo del automóvil.

La ilusión de control es exactamente lo que nos impide vivir en el presente, lo que nos hace a veces "impulsados" a diversas construcciones mentales que, al parecer, están diseñadas para protegernos de los caprichos de una realidad impredecible.

De hecho, el intento de controlar los acontecimientos nos distrae de la reacción inmediata al mundo real y, en ocasiones, hace que la reacción en sí sea completamente ineficaz.

Después de todo, como ya hemos dicho, no funcionará predecir todo al 100%, especialmente en base a la experiencia de otra persona, y la suya también. Mucho más confiable es el intento de confiar en su reacción espontánea. Lo cual solo es posible cuando está en el presente.

No quiero decir que no necesite pensar en absoluto. La diferencia entre el pensamiento consciente y genuino y el verter de vacío en vacío es obvia: cuando realmente piensa, trate de construir toda la cadena de problemas, tareas: cómo comenzó, cómo se desarrolló, cómo son ciertos argumentos que usa en sus juicios justificado si la pregunta tiene una historia (su personal o en general en la historia de las personas o la cultura, la filosofía, la ciencia, la religión), cómo se conecta con sus sentimientos, qué conclusiones puede sacar de su experiencia.

Pensamiento asistemático

El pensamiento fragmentado y asistemático es otro asunto. El cual no se inclina por profundizar en la investigación, la lógica, la historia y el análisis de sus experiencias. El pensamiento asistemático es simplemente saltar de un tema a otro y la incapacidad de concentrarse en algo durante más de un minuto, dos, tres y, por desgracia, como muestra la práctica, esto es lo que generalmente se llama el verbo "pensar"...

Al proceso consciente de pensar se le debe dar su lugar y tiempo. Si, por ejemplo, necesita pensar en un problema personal: encuentre una posición cómoda para el cuerpo, cree el nivel de silencio necesario (o ponga la música que necesita), prepare papel y bolígrafo para escribir cosas importantes, pregunte sin molestar o aléjese de las personas en algún lugar de la naturaleza, en un lugar apartado.

Y no olvide ponerse de acuerdo consigo mismo sobre cuánto tiempo pensará. Si, por ejemplo, ha pasado la hora asignada y no ha llegado a nada, no tiene sentido seguir "persiguiendo" el problema en su cabeza en un círculo. Así que aún no estás listo para resolverlo.

Y si se sumerge en el presente, en la realidad que le está pasando aquí y ahora, lo más probable es que la respuesta le llegue más rápido que si sigue recorriendo el "disco rayado" en su cabeza.

Si se dedica a un trabajo intelectual o necesita periódicamente un procesamiento analítico de una u otra información importante para usted, ¿es necesario desconectarse por completo de las sensaciones del cuerpo? ¿Quizás también podrán decirle algunos pasos para resolver sus problemas? Después de todo, usted es el todo. Es mucho más productivo trabajar con todo de uno mismo que con una parte.

¿Por qué vivir más de la mitad de su vida en diferentes "quizás" y "qué pasaría si", si puedes ir y descubrir cómo será realmente?, y si aún no es el momento de averiguarlo, simplemente haga lo que sea relevante en este momento, o relájese completamente.

¿De dónde viene la nostalgia y cómo puede ayudarte a mejorar?

¿Quién no ha sentido una acogedora sensación de nostalgia? ¿No recordaba el pasado, cuando la hierba era más verde y el cielo más azul? Tan pronto como comenzamos a pensar en el pasado, cómo este sentimiento invade nuestras vidas. Algunos lo perciben como un fenómeno positivo, pero para otros puede ser fuente de pensamientos desagradables, asociados a la pérdida, el duelo o la melancolía. Ayudaremos al primer tipo de personas a usar los sentidos para la superación personal, y al segundo tipo de consejos para superar el doloroso sentimiento de nostalgia.

A finales del siglo XVII, Johannes Hofer, estudiante de medicina, descubrió una enfermedad desconocida en mercenarios suizos que servían en el extranjero. El cansancio, la fiebre, el insomnio, la arritmia y el malestar estomacal fueron tan graves que los soldados tuvieron que dimitir. Pero después de estudiar los síntomas, Hofer llegó a la conclusión de que se enfrentaba de un profundo anhelo por su tierra natal. Llamó a este sentimiento "nostalgia", del griego "nostos" - retorno y "algos" - dolor.

Inicialmente, se creía que solo los suizos padecían enfermedades mentales. Supuestamente, el sonido constante de las campanas en el cuello de las vacas alpinas causa daños en los tímpanos y el cerebro. Pero según los médicos, el opio, las sanguijuelas y un viaje a los Alpes devolvían a los pacientes a la normalidad.

A medida que la migración se extendió por todo el mundo, quedó claro que la nostalgia no era un rasgo típico suizo. A principios del siglo XX, los expertos comenzaron a considerarla no una enfermedad de la neurología, sino una condición psicológica como la depresión, que simboliza la dificultad de decir adiós a la infancia. Tomó varias décadas más para concluir que la nostalgia no es solo nostalgia. Esto es anhelar el pasado.

Fantasías utópicas en recuerdos del pasado

Uno de los ejemplos más llamativos de nostalgia lo dio el escritor francés Marcel Proust. Describió cómo el sabor de las galletas Madeleine, que no había comido desde la infancia, evocaba una corriente de asociaciones sensoriales agradables y fuertes. En una de las escenas más famosas de la literatura mundial, en la novela de Proust "En el lado del cisne", el protagonista moja galletas en el té y cientos de pensamientos se trasladan a la infancia.

Los psicólogos han llegado a la conclusión de que la nostalgia no es la causa de los síntomas negativos asociados a ella, sino una consecuencia. Pero como un estado emocional complejo, en el que hay una sensación de pérdida, esperanza, amor, recuerdos felices y ansiedad por el futuro, no solo puede afectar negativamente la salud mental, sino también... mejorarla.

La Universidad de Southampton descubrió que la nostalgia aumenta el optimismo sobre el futuro. Durante el experimento, los sujetos debían escribir sobre un evento en la vida que asociarían con este sentimiento. Otro grupo tuvo que escribir sobre alguna experiencia. Como resultado, la retroalimentación de los participantes del primer grupo fue más positiva. Otro trabajo ha demostrado que la nostalgia puede ayudar a fortalecer la autoestima, la pertenencia social, promover el crecimiento personal y hacernos más compasivos.

Al mismo tiempo, la nostalgia puede ser engañosa, distorsionando los recuerdos y obligando al pasado a idealizarse.

La propiedad protectora de la memoria humana funciona de tal manera que recuerda solo lo agradable, olvidándose de lo malo, aburrido y sin interés. No debemos olvidar que la nostalgia es una experiencia subjetiva del pasado. Impresión ligera y corta.

El siglo XX comenzó con fantasías utópicas, pero terminó con una tendencia total a la nostalgia. La creencia optimista en el futuro está obsoleta, mientras que la nostalgia, para bien o para mal, siempre sigue siendo relevante. Algunos, insatisfechos con el período actual de la vida, intentan perpetuar recuerdos agradables en su interior y luego los usan como escudo contra problemas urgentes.

Uno podría pensar que esto es una señal de que la sociedad y la cultura están estancadas en el pasado. Pero inspira, recuerda la importancia del pasado, ayuda a encontrar la motivación y la fuerza para afrontar el futuro desconocido. Sí, muchas personas usan la nostalgia como herramienta publicitaria para vender productos. Esto lo notamos en la música, la literatura, el cine y las series de televisión. Pero esta es una confirmación innecesaria de que, en primer lugar, es inherente a cada persona y, en segundo lugar, puede usarse para su beneficio.

Cómo la nostalgia le ayudará a mejorar

Si una persona a menudo siente una fuerte nostalgia con una mezcla de tristeza, esta es una clara señal de problemas no resueltos en su vida. Deteriora el rendimiento, la concentración, causa insomnio, depresión y afecta la condición física. Entonces, si desea deshacerse de los dolorosos ataques de nostalgia o utilizarlos a su favor, aquí hay algunos consejos.

• **Ser realista**. Todo el mundo compara el pasado y el presente. Se necesita tiempo para adaptarse a los cambios en la vida, por lo que incluso mudarse puede ser difícil al principio, pero con el tiempo las cosas mejorarán.

• **Explorar sentimientos**. Las emociones que sentimos son la clave tanto para comprender como para resolver problemas. Explorar el mundo interior ayuda a cambiar vidas, estimula la búsqueda de formas alternativas de salir de situaciones difíciles. Use su intelecto para comprenderse mejor a usted mismo y al mundo que lo rodea.

• **No te detengas en los recuerdos dolorosos**. El duelo es una emoción normal en una situación estresante, pero no debe apegarse a ella. Lo más difícil es cuando las emociones de una persona se trasladan a un tema relacionado. Por ejemplo, una foto de un ser querido puede llenarle de energía en el momento adecuado, pero la obsesión por ella hará difícil salir del luto.

• **Expresar las emociones**. Eludir la realidad, el aislamiento social, la falta de apoyo no solo provocan nostalgia, sino que también nos sumergen más en la soga de los pensamientos negativos. Desarrolle habilidades de comunicación para hablar mejor sobre sus experiencias, manténgase en contacto con amigos y familiares.

• **No tenga miedo de las dificultades**. La nostalgia no debe ser motivo para quedarse en la cama. Establezca metas difíciles pero alcanzables que desarrollen la confianza en sí mismo y mejoren la autoestima.

• **No evite la nostalgia**. El principal conflicto interno de una persona es el rechazo a las propias emociones. Es extremadamente importante no tener miedo ni avergonzarse de sus sentimientos. No conduzca la nostalgia: comprenda el motivo de su aparición y aprenda a controlar su presión cuando las sensaciones alcanzan su punto máximo.

Todo depende de usted, o casi todo. La muerte de seres queridos es ciertamente un evento trágico que no depende de usted. Pero la separación o el despido es una experiencia dolorosa que debe trabajar para no cometer errores y evitar que vuelvan a suceder en el futuro. Saque el máximo partido a la situación. Después de todo, sus acciones determinan el futuro.

Capítulo 2
Probar cosas nuevas

Probar cosas nuevas desarrolla nuestro cerebro. No puedes morir mientras no te estés muriendo, mientras estés vivo. Vivimos, así que vivamos la vida al máximo.

Para nuestro cerebro, lo más importante es probar cosas nuevas y emocionantes. Nuevo baile, nuevo deporte... Nada que no funcione, probemos cosas nuevas, porque esa es la única manera de crear nuevas sinapsis. En lugar de tenis, pruebe con surf, en lugar de zumba latina, salsa. Probar cosas nuevas es la clave para una alta calidad de vida, es la única forma en que no nos volvemos locos, simplemente no morimos vivos.

De mi parte lo sigo intentando. Intento hacer cosas nuevas incluso cuando tengo miedo.

¿Por qué vale la pena probar cosas nuevas?

El comienzo del año está lleno de resoluciones y planes ambiciosos. Sin embargo, si está harto de los eslóganes, las dietas y los planes de entrenamiento de "año nuevo, yo nuevo", tenemos un desafío diferente: pruebe cosas nuevas.

Al probar cosas nuevas, se vuelve más resistente al contacto con lo desconocido.

¿Qué tal probar algo nuevo solo una vez al mes? ¡No mucho, pero en un año le dará hasta 12 increíbles oportunidades! Esta es una gran idea para las personas que se fijan muchas metas.

La alegría de descubrir cosas nuevas

¿Cree que lo nuevo es inquietante, arriesgado, costoso? Sucede. Pero no siempre. Las clases de windsurf o buceo pueden ser traumáticas si tiene miedo a las aguas profundas y lo expondrá a gastos innecesarios. Nada por la fuerza. Se supone que probar algo nuevo es sobre todo divertido y valioso, no frustrante ni estresante. No tiene que demostrarle nada a nadie. Simplemente disfrute de nuevas experiencias.

No tienes que probar cosas grandes

Los pequeños desafíos también son buenos, y ciertamente son más fáciles de organizar y encontrar tiempo para ellos. Hará su debut en la cocina al preparar un nuevo plato. Regresará a casa por una ruta diferente a la habitual. Llevará a su familia de picnic a un lugar completamente nuevo. En su restaurante favorito pedirá un elemento del menú que nunca tomó en cuenta. Se apuntará a una lección práctica de baile. Ayudará a pintar las casetas de los perros en el refugio. Un mes también es suficiente para que lea su primer libro en un idioma extranjero o aprenda algunos patrones de origami.

Las posibilidades son básicamente infinitas. Anótelo todos los meses: ¡dentro de un año descubrirá lo interesante que es!

Puede ser eficaz con un ser querido probando cosas nuevas

Probar algo nuevo también es una gran excusa para pasar más tiempo interesante con sus seres queridos.

¿Tal vez pueda persuadir a su pareja, hijos, amigos? Trabajar juntos y experimentar integra y fortalece lazos. Los creadores de "Kitchen Revolutions" lo saben: Magda Gessler moviliza a los empleados del restaurante para que trabajen en equipo en cada episodio. Curiosamente, las personas que no rehúyen la novedad muestran una actitud mucho más positiva ante la vida. Además, probar cosas nuevas a menudo se convierte en una oportunidad para conocer gente. ¿Quizás así amplíe su círculo de amigos?

Conocimiento y confianza

Nunca sabe lo que puede aprender o lo que aprenderá sobre usted o sus seres queridos. Tal vez descubra talentos latentes en usted o en ellos. Salir de la zona de confort también fortalece la confianza en usted; después de todo, cada vez menos cosas pueden sorprenderle. Se vuelve más resistente al contacto con lo desconocido. Y, por supuesto, al plantear constantemente desafíos nuevos, incluso pequeños, para su cerebro, mantiene su actividad en un nivel superior. Y es importante mantener la mente en forma durante muchos años.

Mejor probar y arrepentirse...

... que desear no haberlo probado. Hay mucho de verdad en este dicho popular. ¿Algo no es para usted? Al menos lo sabe con seguridad, ¡no más preguntas sobre este tema! Pero pruebe, experimente, compare. No se convierta en esclavo de unos pocos hábitos.

Como el escritor Ryszard Podlewski: En la niñez y la adolescencia, una persona aprende sus posibilidades, en la vejez, sus limitaciones. Así que manténgase joven y aproveche sus oportunidades el mayor tiempo posible.

¿Por qué vale la pena probar cosas nuevas? ¡3 razones básicas!

Romper sus miedos y superar los límites a menudo conlleva el riesgo de fracasar. El pensamiento de que no vamos a poder hacer frente a una situación dada, a menudo nos paraliza y nos hace incapaces de intentarlo.

Sin embargo, vale la pena intentar doblar un poco las reglas de vez en cuando e intentar atreverse con otras nuevas.

Aquí hay tres razones por las que vale la pena:

* **Descubrirse a uno mismo**
Aunque suene muy general, vale la pena buscar su propia definición de estas palabras. En términos generales, se trata de superar sus debilidades y actuar de una manera totalmente poco convencional. Hacerlo nos permite sentir que somos fuertes y decididos a actuar. Este es un tema sumamente importante, especialmente en personas con baja autoestima.

* **Poder conocer algo nuevo**
Hay algún tipo de libertad al aceptar estas palabras aquí. ¡Pueden ser personas, cosas, situaciones o incluso el cumplimiento inesperado de sueños que ni siquiera sabíamos! A menudo, después de pasar un momento crítico, comenzamos a notar que valió la pena el esfuerzo y la perseverancia. Tales descubrimientos nos desafían a probar cosas cada vez más nuevas con menos miedo y el temor de que nada funcione para nosotros.

* **Obtener nuevos conocimientos y experiencia:**
La vida se trata de experimentar muchas cosas todos los días. Desde los más mundanos, como desayunar o peinarse, hasta los más complejos, como un puenting

o un vuelo a Nueva York. Las nuevas situaciones nos permiten desarrollar habilidades que pueden haber sido un poco olvidadas o pasadas por alto antes. Así que afrontémoslas y superemos ciertos límites que nos permitan ir más allá.

Hacer algo nuevo todos los días

"Es una locura hacer lo mismo una y otra vez y esperar resultados diferentes" -Albert Einstein

Pregúntese: ¿qué nuevo ha hecho hoy? Es muy probable que la respuesta sea "realmente no es nada". Caemos fácilmente en patrones y rutinas. Realizar las mismas actividades todos los días parece mantenernos seguros y estables.

Sin embargo, muchas veces olvidamos que si no le damos a nuestro cerebro nuevos estímulos que lo estimulen constantemente, simplemente se queda dormido en el mundo.

Debemos introducir algo nuevo en nuestra vida, para dar sentido y claridad a cada momento. Y no estamos hablando de renunciar a toda la vida construida hasta ahora y mudarte al Himalaya o Madagascar. Bueno, no, contrariamente a las apariencias, no es una hazaña. El truco consiste en introducir elementos nuevos e interesantes en nuestra vida actual. Y a un costo bastante bajo.

Debemos recordar que la diversidad es extremadamente importante en el contexto del desarrollo. Al hacer lo mismo todo el tiempo, nos metemos en nuestras limitaciones mentales, ahora llamadas zona de confort, y es muy difícil salir de ellas. Solo a través del prisma de la alteridad somos capaces de estimular nuestro cerebro e imaginación, crecer y sacar conclusiones.

Además, probar cosas nuevas crea ideas creativas en nuestra cabeza. Cuando hacemos otra cosa, miramos el mundo desde otra perspectiva, estimulamos diferentes sentidos, hacemos que nuestra mente reflexione y analice. Y créanme, lo necesita casi tanto como el oxígeno. Sucede exactamente lo contrario cuando hacemos lo mismo todo el tiempo, nuestra mente se traba y vamos por la vida prácticamente con los ojos vendados.

Hacer algo nuevo todos los días, es fácil decirlo, pero ¿cómo hacerlo?

Una de las respuestas más sencillas es decir "sí" a tantas sugerencias como sea posible. A menudo, alguien nos invita a algún sitio, nos propone, nos ofrece y nosotros, sin pensarlo mucho, casi automáticamente nos negamos. De esta forma, cortamos nuestras propias alas y aprovechamos muchas nuevas oportunidades.

Esté donde esté, quieres tocar, saborear algo nuevo. Si ha estado en el mismo lugar durante varios o varias docenas de años, siempre habrá algo que aún no sepa. Cafetería, exposición o gimnasio recién inaugurado. Además, incluso los mismos lugares se ven diferentes a lo largo del año. El parque se tiñe de verde en primavera, florece y en otoño vuelve a cambiar con mil tonalidades diferentes de rojo y naranja. Mire a su alrededor, aprecie, no pase indiferente.

Trate de caminar de diferentes maneras. Si siempre va al trabajo en coche, elija el tranvía para variar, o la bicicleta. Mientras camina, trate de cambiar su ruta. A veces incluso vale la pena salir unos minutos antes y tomar un desvío para encontrar algo absolutamente nuevo.

Lo mismo ocurre con lo que escuchamos o vemos. Si escucha música clásica todos los días, experimente con el rock. Los fanáticos de la ficción criminal deberían elegir el romance. Ir al teatro en lugar del cine. O simplemente, en lugar de descargar la película de Internet, mírela en la pantalla grande. En verano hay cines y varios conciertos al aire libre, también vale la pena tenerlos en cuenta.

Conviértase en el maestro de su propia cocina. Cocine usted mismo algo nuevo, algo que nunca haya comido en ningún lado. Hay toneladas de recetas en Internet con todos los niveles de sofisticación, por lo que simplemente no existe tal fuerza que la excusa "No puedo cocinar" tenga sentido.

Cuando salga a comer algo, no elija siempre el mismo restaurante, y aunque tenga que comer siempre en el mismo sitio, elija platos diferentes, mezcle y descubra.

Haga una remodelación en su apartamento. Puede sonar tonto, pero realmente ayuda. Por cierto, definitivamente verificará la cantidad de cosas que tiene, probablemente muchas de ellas ya no sean necesarias, por lo que vale la pena buscar otro destino para ellas. Sin mencionar el hecho de que ya es hora de deshacerse de todos los recuerdos de su relación anterior, mirar hacia atrás no nos ayudará en absoluto.

Seguro que hay un montón de actividad física que nunca pensó en probar. Lo más interesante es apuntar a algunas adversidades extremas. Se relajará mejor con un libro interesante; pruebe algún deporte extremo. Todos los días, la adrenalina es su mejor amiga: vaya a yoga o pilates. No tenga miedo de intentarlo. Ciertamente, todo irá mal al principio, pero, sobre todo, no se avergüence de usted mismo y de sus limitaciones, después de todo, solo está aprendiendo muchas cosas y la práctica hace al maestro.

Desde una perspectiva más global, si va al mismo destino de vacaciones todos los años, vaya a otro lugar. Si siempre viaja en avión, consiga un coche. Duerma en un hotel, elija una tienda de campaña. Una vez que esté visitando un lugar, trate de conocerlo de la forma menos convencional posible. Evite los lugares recomendados en las guías, trate de conocer la vida de este lugar como realmente es. Sea curioso como un niño, pregunte a la gente ¿qué?, ¿cómo?, ¿y por qué?

Otra cosa: si tiene una idea, cualquier idea, solo sígala. No espere a nadie. Solo meditar en ello no ayudará, pensar en lo que sucederá si falla, y mucho menos reflexionar sobre lo que pensará la gente. Las personas hablarán de todos modos. Mientras tanto, solo depende de usted si tomará la vida en sus propias manos o, más bien, seguirá a la multitud por un camino conocido y trillado.

De nada sirve mirar los caminos y logros de los demás, ya que siempre estaremos atados a la idea de que no es para nosotros. Sí, tarde o temprano tendrá que enfrentar las consecuencias de sus decisiones, pero de eso se trata la vida.

Las personas en su lecho de muerte a menudo se arrepienten de haber vivido la vida de otros en lugar de la propia. Nos vemos envueltos con demasiada facilidad en los patrones predominantes y las convenciones actuales. Recuerde, solo tenemos una vida para disfrutar.

¿Tarea para la próxima semana?

Traiga un poco de diferencia a su vida. Observar los efectos y reacciones. Ni siquiera lo verá convertirse en un hábito. Estimulará excelentemente su mente para trabajar, desarrollar un deseo de explorar todo lo que le rodea: lugares, situaciones, personas, comportamientos y sensaciones. En poco tiempo notará lo maravilloso que es ese viaje, comúnmente conocido como vida.

Recuerde, hacer cosas a las que no está acostumbrado puede parecerle difícil al principio. Sin embargo, no se desanime y siga haciendo algo nuevo todos los días, aunque sea algo muy pequeño.

La práctica hace al maestro, así que no se avergüence de las imperfecciones. Si de pequeño s avergonzabas de no poder hablar ni caminar, seguramente no podría hacerlo hoy.

Y, sobre todo, no se atreva a decir que "a mi edad ya no conviene". Puede hacer lo que quiera. Vivir sin razón no tiene gusto ni sentido. Lo más importante es vivir en armonía consigo mismo y sus valores.

Cuando se permita ser imperfecto y acepte el lugar en el que estás y del que despega a medida que se desarrolla, todas las inhibiciones se perderán.

Miedo al cambio. Síntomas, causas y formas de superar

Es normal preocuparse por el futuro, pero para algunos este miedo al cambio puede ser mucho más debilitante y causar una gran preocupación. ¿De dónde viene esta fobia en el hombre moderno, cómo definirla y si es posible disfrutar de la vida sin miedo al mañana?

Este fenómeno tiene dos términos: "metafisiofobia" (del griego "meta" - cambio, y "phobos" - miedo) o "neofobia" (miedo a todo lo nuevo). En pocas palabras, es un miedo pronunciado o constante a circunstancias imprevistas. Cualquier cambio saca a una persona de la "zona de confort", obligándola a readaptarse al mundo que la rodea. Es bastante agotador y causa mucho estrés, por lo que a algunos les resulta más fácil cancelar una reunión en el último minuto o dejar pasar oportunidades.

Solo si evita todas estas situaciones, la vida no será más placentera ni más segura. Correr constantemente en círculo ante nuevas dificultades hace que nuestra existencia sea aislada y cerrada. Cada vez es más difícil comunicarse con la gente y las oportunidades siguen sin aprovecharse. El estrés se acumula y causa otros trastornos.

El problema principal es que las personas tratan de evitar no solo situaciones desagradables" o "conversaciones difíciles". Es difícil para ellos encontrar un incentivo para cambiar sus vidas para mejor. El miedo al cambio afecta negativamente la forma de pensar en general. No luchar significa complacer el deseo infantil de protegerse de todo lo que puede cambiar la forma habitual de vida. Aquí hay unos ejemplos:

• La gente no rompe relaciones infelices.

• Permanecer en el trabajo odiado en lugar de encontrar otro.
• Tener un conjunto claro de intereses y ser hostiles a todo lo nuevo.
• Solo comunicarse con viejos amigos y no querer conocer gente nueva.
• Rechazar nuevas oportunidades que puedan ser útiles.
• Sentirse molesto cuando algo externo perturba la rutina diaria.
• Tomar una postura defensiva cuando alguien se ofrece a cambiar sus vidas para mejor.

Estos ejemplos pueden referirse no solo al banal "miedo al cambio", sino que también sirven como señal de ansiedad o trastorno de personalidad antisocial. Sin embargo, a menudo ocurre sin ningún diagnóstico mental. El miedo al cambio está más en la raíz del problema que en una consecuencia. Incluso si una persona no siente las consecuencias obvias del miedo al cambio, los pensamientos obsesivos aún pueden construir un muro infranqueable entre este y las nuevas oportunidades.

Los psicólogos evolutivos teorizan que este miedo "se deslizó" en nuestro ADN hace miles de años cuando éramos cazadores-recolectores. En comparación con otros animales salvajes, los humanos eran extremadamente vulnerables a los peligros (condiciones naturales, depredadores). Pero con el desarrollo de la especie y de la sociedad, con la toma de conciencia de las capacidades intelectuales, con el avance tecnológico, hemos dejado de ser "presas" o "víctimas" y nos hemos convertido en los más peligrosos depredadores.

Ya no tenemos tanto miedo al ataque de los animales salvajes, que no nos escondemos del frío en cuevas, pero el instinto fundamental de auto conservación no ha desaparecido. Además, para mantener esta importante habilidad para la supervivencia, el instinto mutó hacia nuevas formas de ansiedad. El progreso tecnológico, la Ilustración y el Renacimiento, la Revolución Industrial, etc., le han sucedido a la humanidad mucho más rápido de lo que nuestros genes podrían adaptarse a los tiempos modernos. Debido al desajuste entre la tasa de evolución de la sociedad y la tasa de evolución del hombre, todavía tenemos un miedo interno al cambio desenfrenado en el nuevo mundo.

Pero no siempre es malo o ansioso. La sociedad se mueve gracias a las personas que la integran. Si nuestra raza no se hubiera unido frente al peligro natural, si la sociedad humana no hubiera trabajado junta en inventos ingeniosos, el mundo se habría visto muy diferente. El cambio es la clave de nuestra supervivencia, pero existe la sensación de que el hombre moderno no está preparado para correr riesgos. Porque el riesgo limita no solo con el peligro, sino también, y lo más importante, con la incertidumbre.

El miedo al cambio y el cerebro humano

Nuestro cerebro intenta racionalizar, anticipar y proteger a su dueño de los factores negativos del entorno. Cuando estamos en peligro inmediato, se activa la reacción de "lucha o huida". Pero los estímulos más vagos (que tratamos de anticipar) tienen más probabilidades de causar estupor. La misma reacción ante el peligro o los estímulos se presentan en animales que han sido víctimas de un depredador más fuerte.

Aún se desconoce el motivo de esta diferencia de comportamiento ante el peligro evidente y único posible. Pero una teoría es que, en el segundo caso, no entendemos muy bien lo que podemos hacer. ¿Cómo protegerse? Cuando una persona sabe lo que tendrá que enfrentar, a menudo elige "resistirse al peligro". Y la incertidumbre nos obliga a resistirnos al cambio.

La gente también se resiste al cambio porque somos criaturas de hábitos. Los estudios han relacionado los hábitos con los ganglios basales, la parte del cerebro que fortalece el conocimiento y el proceso de aprendizaje. La rutina diaria forma un conjunto de hábitos en el cerebro, por lo que se vuelve difícil inculcar otros nuevos. Pero si actúa con determinación, es fácil de superar.

Se complica por el hecho de que el centro de procesamiento del miedo en el cerebro al activarse limita el comportamiento arriesgado y de investigación. Incluso si no tenemos miedo al cambio, tendemos a evitar las dificultades para superar viejos patrones de pensamiento. Pero esto no significa que una persona sea incapaz de "convencer" al cerebro y empezar a vivir de otra manera. Permaneciendo en la zona de confort para siempre, no abrirá nuevas perspectivas, no conocerá el mundo que le rodea ni a sí mismo. El sentimiento de plenitud de vida no siempre significa "un sentimiento de comodidad, satisfacción". En palabras sencillas: "El que no se arriesga no bebe champán".

Tiene miedo al cambio si asume algunas de estas posturas

• Centrarse en el pasado y los logros pasados.
• No tomar la iniciativa para crear un futuro brillante.
• Siente que no se conoce o no se ama.
• No siente las pasiones ni las emociones fuertes que había antes.
• No puede averiguar a dónde ir y cómo encontrar un propósito en la vida.
• Se siente atrapado en su rutina diaria.
• Acepta menos de lo que merece o puede lograr.
• Siente el agotamiento emocional.
• Envidia la vida de otras personas.
• Actúa con desconfianza.
Está constantemente aburrido.
• Está atado por la indecisión, la incapacidad de "ser usted mismo".
• Se siente estresado por cosas insignificantes.

Cómo superar este miedo

Experimentar los síntomas de la lista anterior puede no hacerlo cambiar nada, pero la vida que la mayoría de la gente considera ideal no es la vida que realmente es. Hay una pequeña pero importante diferencia.

Aquí hay algunas formas en que puede comenzar a superar el miedo de manera lenta pero segura e iniciar un cambio personal:

• **Crear confianza**. Sea decisivo en sus acciones y trate de cambiar su actitud ante cualquier cambio. Esto hará que sea más fácil para usted lidiar con ellos con el tiempo.

• **Prepárese para lo peor**. Muchas personas evitan pensar en algo desagradable, pero la voluntad de considerar con calma los peores escenarios hará que la situación sea "más manejable" y menos estresante.

• **Retarse a sí mismo**. Forme metas que sean realistas pero desafiantes. Ser mejor como persona y como profesional. Superar el crítico interno y el perfeccionista no es una tarea fácil, pero prepárate para asumirlo una y otra vez.

• **Mirar la situación desde todos los ángulos**. Asegúrese de considerar no solo los escenarios negativos, sino también los positivos.

• **Será difícil.** Cuando rompe viejos hábitos, tiene que salir de la vida "en piloto automático". Pero esta conciencia de acciones y pensamientos es la clave para encontrar significado y propósito en la vida.

• **Ser orgulloso de sí mismo**. Recuerde que necesita sentirse bien y que lo que está haciendo debería mejorar su vida. Regocíjese en el éxito, no importa cuán grande o pequeño sea, para que siempre haya un incentivo para continuar yendo más allá de la zona de confort.

• **Encuentre apoyo**. Es más probable que las personas animen a sus amigos a cambiar para mejor que rechazarlos.

• **Trabaje en sí mismo**. La superación de miedos menos significativos, que no necesariamente están asociados al miedo al cambio, irá reduciendo progresivamente la sensación de ansiedad.

• **¡No se aísle!** Estar cerca de las personas, comunicarse con ellas, empatizar y tender una mano amiga

Capítulo 3
Sentirse positivo

La diferencia fundamental entre la influencia de los pensamientos positivos y negativos en el cerebro determina la vida posterior del hombre. Si creemos que podemos tener éxito en el trabajo o en los asuntos personales, atraemos mágicamente un resultado positivo. ¿Es este realmente el caso, o una persona con pensamiento positivo nota más a menudo lo bueno en la vida? Veamos qué hábitos y cualidades útiles tienen las personas positivas y tal vez intentemos adoptarlos.

Qué es el pensamiento positivo

Sin duda, a la mayoría de las personas en la tierra le gustaría llenar su vida de energía positiva. Sin embargo, mirar las cosas con la presunción de optimismo es formalmente sobre todo un movimiento filosófico.

El positivismo se trata de percibir cada evento para bien y ver el mundo a través de los ojos de un ganador, por lo que está íntimamente ligado a la esperanza y la confianza en uno mismo. La creencia de que todo saldrá bien no garantiza que todo vaya a ser así, pero nos llena de convicción y fuerza interior para no desistir de los fracasos y realizar nuevos intentos para lograr lo deseado.

En principio, la positividad se trata de rechazar lo negativo, aislar los sentimientos de fracaso y convertir cualquier evento, si no en alegría, en una importante lección de vida que nos hace más fuertes.

Cómo incorporar lo positivo a tu vida

La positividad es un estado mental. No es más que una forma de ver las cosas desde otro ángulo, y por ello este fenómeno puede convertirse en un hábito útil para usted. Solo se necesita un poco de práctica y esfuerzo: la positividad no se logra de inmediato, pero es más fácil de lograr de lo que mucha gente piensa.

Si dedica algunas horas a analizar sus pensamientos, se dará cuenta de que, de hecho, el pensamiento humano está dominado por pensamientos negativos. Así funcionan las reacciones protectoras de nuestra psique, que no se pueden apagar del todo (y sería peligroso).

Positividad: Consejos para cambiar su pensamiento negativo

Muchas personas bajo la presión del pensamiento negativo tienden a ser demasiado cautelosas y exageran la magnitud del problema. El nivel de estrés aumenta, lo que impide que una persona visualice un resultado exitoso.

La obsesión por el miedo y la anticipación del mal nos vuelve inseguros. El miedo nos limita y nos aleja de lo deseado. Sin embargo, en general, solo hay dos opciones para el resultado final: sucederá algo que percibimos como "malo" o algo que percibiremos como "bueno". La probabilidad está entre 50 y 50. Entonces, ¿no es mejor convertir nuestras experiencias en algo más alentador, positivo y constructivo?

Se ha comprobado que hombres y mujeres con un alto nivel de optimismo viven en promedio un 11-15% más que aquellos que no se caracterizan por un pensamiento positivo. El optimismo no significa ignorar los problemas de la vida. Pero cuando ocurren eventos negativos, es menos probable que las personas optimistas se culpen a sí mismas y es más probable que vean el obstáculo como algo temporal.

El pensamiento positivo mejora nuestro día, alivia el estrés. Podemos levantarnos por la mañana y pensar: "Hoy va a llover, lo que significa que habrá atascos, llego tarde, tendré menos tiempo para trabajar, entonces el jefe me va a regañar. En resumen, un pésimo día".

• **No te quejes**
Las quejas constantes refuerzan la cadena de pensamientos dañinos. Estos pensamientos son destructivos y tienen un efecto negativo en una psique sana.

Se requiere un poco de esfuerzo, pero se definirá como
más positivo: "Hoy es sombrío, bueno, es otoño, ¿qué
sacar de eso? Debe salir antes para evitar atascos y
tener tiempo para terminar el trabajo por la noche
¡todo estará bien!". Hay dos alternativas, pero una le
hace ir al trabajo molesto y negativo, y la otra te hace
sentir positivo pensando, confrontando los problemas
y enfocándote en resolverlos.

• **Todo depende de usted**

Según los psiquiatras, el 50% de nuestro carácter está
determinado por factores genéticos, el 10% - el medio
ambiente, pero hay otro 40%, que dependen solo de
nosotros y nuestra actitud ante la vida. Es sobre este
40% que debemos trabajar para mantener el
pensamiento positivo. Son estos 40% los que nos
ayudarán a ser felices y vivir una vida larga y plena.

• **La felicidad es salud**

Un estado de ánimo positivo ayuda a aliviar el estrés y,
como resultado, protege su salud. Según un estudio
realizado en el University College London, mantener
una actitud positiva se asocia con un sistema
inmunológico fuerte y, en consecuencia, con menos
problemas neuroendocrinos, inflamatorios y
cardiovasculares.

• **Buscar el lado positivo**

Todo lo que nos sucede tiene tanto aspectos positivos
como negativos. El truco está en buscar el lado
positivo, incluso en el negativo. Incluso la peor crítica
puede ser constructiva. Enfóquese en encontrar algo
bueno en los problemas. En lugar de pensar "¿por qué

necesito todo esto?" - comience a seguir las relaciones
de causa y efecto y a pensar en cómo mejorar la
situación.

• **Todo o nada**

No es necesario ir a los extremos: las cosas no se
dividen en "buenas" y "malas", entre ellas siempre hay
muchos tonos de gris. Entonces, en lugar de pensar
solo en dos resultados posibles, haga una lista de otras
opciones que le pueden pasar. Esto ayudará a
comprender que la situación no es tan dramática e
inequívoca.

• **Cambiar de pensamiento es posible**

Una vida feliz requiere pensamientos positivos y la
capacidad de pensar de manera optimista. Esto es lo
que nuestro cerebro puede aprender. Cambie su forma
de pensar y mejorará su vida.

• **No se culpe por los fracasos:**

Es la autocrítica la que muchas veces nos obliga a
centrarnos en los aspectos negativos de la vida. Usted
no es responsable de todos los errores, todos los
fracasos y malos humores de todas las personas en la
tierra.

• **Visualice el logro**

Un poco de imaginación no le hará daño a nadie. Solo
imagine que tendrá éxito, y eso lo hará optimista sobre
los esfuerzos que deben realizarse.

• **Viva con emociones positivas**

Es muy difícil sobrellevar los pensamientos desagradables cuando hay una negatividad continua a su alrededor. Anímese, haga lo que le gusta o lo que le produce placer. Ver películas divertidas, invitar a amigos a tomar un café, salir a caminar con niños: estas son cosas simples y cotidianas que nos hacen positivos. El problema es que a veces nos acostumbramos tanto a ellos que dejamos de apreciarlos.

• **Júntese con gente positiva**

Como una sonrisa o un bostezo, el optimismo y el pesimismo también se contagian. Intente rodearte de gente positiva. Esto también se aplica a las redes sociales: si se suscribe a personajes "negativos" o bloggers que resuelven batallas hostiles en comentarios todos los días, entonces piénselo, ¿realmente necesita esta porción de negatividad? ¿Quizás es mejor ver un documental científico en YouTube? Definitivamente habrá más beneficios.

Capítulo 4
Vencer la procrastinación

¿Alguna vez pospone lo que tiene que hacer? Profesores, incluido el profesor Joseph Ferrari, que se especializa en psicología en la Universidad De Paul en Chicago, han publicado hallazgos de que "alrededor del 20% de los adultos admiten que son 'adictos a la procrastinación'".

Las personas que posponen las cosas a menudo tratan de distraerse mirando sitios de Facebook, tomando una siesta o haciendo otra cosa cuando están ansiosos por un trabajo difícil. Los investigadores llaman a esta práctica un "compromiso por el placer". Escapan de las dificultades que se le presentan y elijen el "placer" momentáneo. Sin embargo, es un hecho bien conocido que la procrastinación puede conducir a situaciones aún más difíciles, como no poder cumplir con la fecha límite o comcter errores en el último minuto.

La procrastinación es la práctica de retrasar las cosas o realizar tareas que son menos importantes en lugar de las más urgentes. También es el hábito de hacer cosas placenteras en lugar de aquellas que son menos agradables, solo para descubrir que han pospuesto trabajos inminentes para un momento posterior o incluso en el "último minuto". La procrastinación es lo opuesto a la productividad ideal.

Producir es empujar y trabajar hacia adelante para hacer las cosas, mientras que posponer las actividades es impulsar las tareas para mañana, la próxima semana o probablemente nunca.

Este hábito o práctica puede llenar su vida de vergüenza. Incluso hay casos en los que algunas personas se maldicen a sí mismas debido a su pereza, su incapacidad para concentrarse en las cosas importantes que tienen entre manos y la tendencia humana de dejarse llevar por gratificaciones más inmediatas y fáciles.

El lado positivo de la procrastinación es que permite a las personas tener suficiente tiempo para resolver problemas complicados y generar ideas. No se puede negar que hay casos realmente inevitables en los que se necesita adoptar el hábito de la postergación, para repensar o planificar adecuadamente.

Pero en la medida en que esto se convierte en un hábito alarmante y comience a generar impactos negativos en su vida, la procrastinación debe detenerse a toda costa.

Algunos investigadores definen la procrastinación como una "forma de falla de la autorregulación caracterizada por el retraso irracional de las tareas, a pesar de las consecuencias potencialmente negativas".

No importa qué tan bien organizado y comprometido usted se encuentre, es probable que se haya encontrado desperdiciando horas en actividades triviales (ver televisión, actualizar tu estado de Facebook, comprar en línea) cuando debería haber pasado ese tiempo en el trabajo o en la escuela.

Ya sea que esté posponiendo la terminación de un proyecto para el trabajo, evitando o ignorando las tareas del hogar, la postergación puede tener un gran impacto en su vida laboral, sus calificaciones o en cualquier ámbito en el que se desenvuelva.

En la mayoría de los casos, la procrastinación no es señal de un problema grave, es una tendencia común a la que la mayoría de la gente cede en algún momento u otro.

A menudo asumimos que los proyectos no tardarán tanto en completarse como realmente lo serán, lo que puede generar una falsa sensación de seguridad cuando creemos que todavía tenemos mucho tiempo para completarlos.

Uno de los factores más importantes que contribuyen a la procrastinación es la noción de que tenemos que sentirnos inspirados o motivados para trabajar en una tarea en un momento determinado.

La realidad es que si espera hasta alcanzar el estado de ánimo adecuado para realizar ciertas tareas (especialmente las indeseables), probablemente encontrará que el momento adecuado simplemente nunca llega y la tarea nunca se completa.

Factores comprometidos

Conocer los conceptos básicos de la procrastinación no es suficiente. Para que las personas obtengan una comprensión más clara, necesitan saber la razones por las que posponen las cosas. Las personas procrastinan debido a las siguientes razones comunes:

* Falta de motivación
* Falta de interés
* Déficits de habilidades
* Miedo al éxito y al fracaso

* Estrés
* Pereza
* Falta de disciplina
* Falta de habilidades
* Perfeccionismo

Estas son las razones que impulsan a las personas a dilatar las cosas y definitivamente ceden a las consecuencias negativas si no se abordan adecuadamente.

Otras razones son la falta de ideas o conocimientos sobre lo que realmente se debe hacer, la falta de ganas de hacer algo, la falta de atención si se hace algo o no, la falta de humor o iniciativa para comenzar las cosas y muchas más.

No hay razones válidas para dejarse atrapar por este hábito. Lo bueno es que hay innumerables formas de superar y vencer la procrastinación. Las personas solo necesitan hacer un esfuerzo para adoptar estas formas y ponerlas en práctica.

Además de aprender lo básico de la procrastinación y conocer las razones por las que las personas procrastinan, existen formas más poderosas de vencerla, que incluyen cambiar su entorno de procrastinación, crear una línea de tiempo, obtener inspiración, dividir las tareas más grandes en partes pequeñas y manejables, etc.

Entusiasmo: la mejor arma en la guerra contra la dilación

El entusiasmo es lo que marca la diferencia entre alcanzar nuestras metas y rendirse antes de comenzar. Thomas Edison dijo: "Si lo único que dejamos a nuestros hijos es la calidad del entusiasmo, les habremos dado una propiedad de valor incalculable". El laboratorio de investigación de Edison se quemó hasta los cimientos cuando él tenía 67 años. Mientras el fuego consumía su mundialmente famosa "fábrica de inventos", Edison les dijo a sus hijos: "Niños, vayan a buscar a su madre. Ella nunca verá otro incendio como este". Edison sabía que el entusiasmo es el mejor antídoto para la tragedia y es el arma más poderosa para usar en la guerra contra la procrastinación.

He aprendido que mi nivel de entusiasmo no tiene nada que ver con mis sentimientos; mis sentimientos se despiertan en un lado diferente de la cama todos los días. Para tomar el control de mi vida, debo elegir cómo me siento; no puedo dejar que mis sentimientos me controlen.

Te pregunto: ¿Puedes convencerte a ti mismo de adoptar un estado de ánimo positivo cuando estás desanimado? ¿Cómo te mantienes motivado? ¿Cómo te preservas concentrado cuando un trabajo es tedioso? ¿Cómo manejas el fracaso cuando tu plan no va bien?

Mis consejos:

• Mantente alejado de las personas nefastas. Las actitudes son contagiosas, las personas negativas nos contagian de actitudes negativas. Asóciate con pensadores positivos; su confianza en sí mismos también es contagiosa.

• Programa las tareas difíciles para el momento del día en que tengas más energía. Si no has determinado el mejor momento para abordar los trabajos menos atractivos del día, intenta hacerlo lo antes posible.

• Aborda un problema que ha sido una espina clavada en tu costado. Cuando adquieres el hábito de hacer que las cosas sucedan, tu entusiasmo se dispara. La inactividad es una de las principales causas de depresión y ansiedad. (Por otro lado, puedes aumentar tu nivel de energía sin eliminar otras fuerzas que causan la procrastinación; los adolescentes son particularmente expertos en gastar enormes cantidades de energía sin hacer nada. Recuerda siempre, que cualquier técnica solo es efectiva cuando se usa como parte de una estrategia global).

• Cuando realices una tarea con especial facilidad y competencia, toma nota de la hora del día, y pregúntate qué otros factores pueden haber contribuido a que te sientas más productivo. Cuando empieces a descubrir un patrón, habrás descubierto cómo operar a un nivel superior todos los días. Y cuando identifiques el momento del día en el que sueles ser más eficiente, programa algunas de las tareas que menos disfrutas para ese momento.

Debemos seguir aprendiendo cosas nuevas como si fuéramos a vivir para siempre, mientras vivimos cada día como si fuera el último. Decirme a mí mismo que "Hoy es el primer día del resto de mi vida" no funciona para mí. Si hoy fuera el último día de mi vida, ¿cómo lo viviría? Esa es la pregunta que me hago cuando debo luchar contra las fuerzas de la procrastinación.

Recuerde siempre que el entusiasmo es una elección. Mark Twain dijo: "Haz algo todos los días que no quieras hacer; esta es la regla de oro para adquirir el hábito de cumplir con tu deber sin dolor".

Inspirarse

Hay innumerables formas de superar este mal hábito. Si quiere dejar de procrastinar, inspírese en personas que le den aliento y le motiven. Las siguientes son formas en las que puede inspirarse.

• Pasa tiempo con personas que te inspiren y te animen a actuar:

Es bastante seguro que cuando pasas tiempo hablando con personas dignas y trabajadoras, te sentirás más inspirado para trabajar y actuar que para no hacer nada. Debes tener en cuenta que otras personas pueden influir en tu comportamiento. Debes asegurarte de obtener inspiración solo de las personas que traen una influencia positiva a tu vida.

Determina a los colegas y personas que te impulsan a trabajar y mejorar. Sal con personas que son muy trabajadoras y aléjate de los haraganes o que esperan que tú le hagas el trabajo. También puedes reunirte con expertos en desarrollo personal para que estas personas te brinden más consejos sobre cómo lidiar con la procrastinación utilizando los enfoques correctos.

• Consigue un amigo que te inspire:

Tener el mejor compañero facilita el proceso de poner fin al hábito de postergar. Elige a las personas con ambiciones en la vida, que posean sueños y metas. No es necesario que ambos tengan el mismo proyecto, sino que se retroalimenten con el entusiasmo. Tener objetivos diferentes es útil, por lo que tendrán la oportunidad de aprender uno de otro.

•   Busca personas que hayan superado con éxito el hábito de la procrastinación e inspírate en ellas: Hay casos en la vida en los que para lograr cosas y tener éxito, es necesario buscar personas que hayan estado en la misma situación y descubrir cómo lo logran. Cuando hayas encontrado a estas personas, conéctate con ellas. Ver pruebas de que las metas son alcanzables puede impulsarte a tomar medidas y ser más productivo en la vida. Si realmente deseas ser más optimista, debes permanecer en la compañía de personas optimistas. Es así de simple.

Piensa en palabras positivas que te motiven

Independientemente de cuál sea el propósito, siempre se deben elegir y pronunciar las palabras correctas. Si te enfrentas a toneladas de responsabilidades y cosas que necesitas lograr, probablemente sientas que debes retrasar las cosas y dejarlas para mañana.

Este es el hábito de la procrastinación y esto impide que las personas sean más productivas y se orienten hacia sus metas. Hay varias formas de superar esto y hacer las cosas, y pensar en palabras positivas para motivarse es una excelente manera de hacerlo.

Piense en palabras positivas que le impulsen a seguir adelante. Nunca permita que las palabras que pueden arruinar su día simplemente terminen distrayéndole. En tal escenario, el nivel de su enfoque y productividad se verán afectados. Piense en palabras que, por el contrario, le recordarán que necesita hacer cosas que deben completarse este día, ya que mañana será un gran día para otras rutinas y tareas.

Recuerda que pensar en palabras positivas da como resultado un pensamiento positivo y excelentes resultados. Si las palabras que está escuchando en su entorno le afectan negativamente o le hacen posponer las cosas, mejor cambie su entorno y elija estar en un lugar rodeado de personas que compartan sus palabras de aliento o sabias. Pensar en estas palabras alimentará su deseo de superar los malos hábitos, convertirse en una mejor persona y lograr sus objetivos.

Las palabras positivas pueden cambiar lo que piensa y pueden influir en su estado de ánimo y en su toma de decisiones. Éstas también pueden alimentar su entusiasmo y hacerle creer que puede hacer o lograr cualquier cosa siempre que tenga una determinación real y esté dispuesto a esforzarse en lo que sea que necesite hacer. Esto le ayuda a tener más energía y motivación para hacer su trabajo en lugar de retrasarlos, apresurarse y entrar en pánico durante los últimos minutos.

La raíz de la procrastinación es la baja autoestima

Mucha gente piensa que la procrastinación es una cuestión de gestión del tiempo y fuerza de voluntad. De hecho, el perder la tentación de hacer cosas y posponerlas, habla de una falta de fuerza de voluntad.

Sin embargo, la característica psicológica de las personas que procrastinan habitualmente es la baja autoestima.

La procrastinación y la baja autoestima son como los huevos y las gallinas, se afectan mutuamente y exacerban la situación. En otras palabras, se culpa a si mismo por la procrastinación, lo que debilita su autoestima y sus habilidades, lo que resulta en una mayor procrastinación.

El "ciclo de autodestrucción" avanza poco a poco

Crear límites y situaciones complejas por su cuenta y dificultar el logro de sus objetivos se denomina autodestrucción.

El ciclo de autodestrucción comienza cuando usted pasa un poco más de tiempo fantaseando y haciendo un poco menos de trabajo concreto al día que el día anterior.

La procrastinación no comienza de una vez. Y lo importante es que la terrible procrastinación y la disminución de la autoestima no desaparezcan mágicamente en un instante. Dado que el "tiempo de fantasía" que se ha ido incrementando poco a poco está provocando esta tragedia, es necesario destinar ese tiempo a las acciones positivas, poco a poco.

Parece que necesita recuperar su autoestima y superar sus hábitos de procrastinación reduciendo gradualmente la cantidad de tiempo que decide procrastinar (navegar por la red, mirar televisión, jugar, etc.).

Formas de superar la procrastinación

1. Reducir tareas
Si se da cuenta que pierde mucho tiempo retrasando las tareas, debe pensar que, si se dedica a procesarlas, podría acabarlas sin problemas. Es difícil reducir el tiempo de procrastinación de una sola vez, por lo que, si tiene baja autoestima, tendrá menos tiempo para procesar.

Si poco a poco vas aumentando el tiempo de procesamiento de tareas que se han ido reduciendo poco a poco, puede llegar el día en que pueda completar todas las tareas. Pero antes, parece necesario organizar las tareas y apuntar a salir del "ciclo de autodestrucción".

2. Elevar la autoestima
Es posible que el hábito de procrastinación se supere curándose uno mismo. Puede aumentar su autoestima encontrando los valores positivos que posee y

manteniendo la firma convicción de que usted no es
menos que nadie.

3. Visualizar la tarea

Una de las razones por las que siente que no puede
hacer las tareas, es que no puede visualizarlas. Elimine
todas las tareas innecesarias y organice las
importantes con suficiente tiempo en el horario del día.

En ese momento, está estrictamente prohibido estimar
el tiempo de procesamiento de una tarea en particular.
Lo importante es salir del "ciclo de autodestrucción" y
no de consolarse pensando que la tarea se hará de una
vez.

4. Comportamiento para matar el tiempo" mientras se mantienen registros

Reduzca el "comportamiento para matar el tiempo" que
se gasta en navegar por Internet y ver la televisión
mientras procrastina. Contando ese tiempo y
reduciéndolo poco a poco cada día, recuperará la
confianza en usted mismo. La determinación de
deshacerse del "comportamiento de matar el tiempo"
de inmediato y luego comenzar a hacer ejercicio
regularmente generalmente falla. De todos modos,
apunte a una pequeña recuperación.

En primer lugar, como mencioné anteriormente, solo
quiero posponer el trabajo pesado. Porque el trabajo
frente a mí se siente doloroso. Las razones del dolor
parecen provenir de la complejidad, las debilidades, las

molestias y la ansiedad, pero con "pequeños pasos" se pueden eliminar más del 80% de ellos.

Dividir el trabajo

En primer lugar, fragmentar es desglosar lo que se debe hacer en partes pequeñas y dejarlas claras. Cuando quiere comer carne, no puede ingerirla como se la presentan. La idea es que pueda llevársela a la boca si la corta a un tamaño que sea fácil de masticar.

Aquí hay algunos patrones más específicos.

* **Trabajo complejo**

El punto es visualizar el trabajo complicado que siempre se repite, como propuestas e informes, en lugar de pensar desde cero cada vez. Por ejemplo, se dice que, si escribe "lo que tienes que hacer" y "el tiempo que lleva" en el proceso de creación de una propuesta, no necesitará energía para pensar y la carga psicológica se reducirá.

* **Trabajo problemático**

Un trabajo tedioso es aquel en el que siente que no se le da bien o que se aburre repitiendo lo mismo. Sin embargo, parece que la molestia se puede reducir fragmentándolo por temas o por días.

* **Primer trabajo**

La "recopilación de información" y la "pequeña experiencia" son importantes para dividir el primer trabajo. En primer lugar, se realiza la "recopilación de información" de personas experimentadas para convertir lo desconocido en conocido, y con la cooperación de colegas y personas mayores, se realiza la "pequeña experiencia" (juego de roles).

Comencemos con el paso de bebé

Baby Steps literalmente significa comenzar poco a poco, como el paso de un bebé. Normalmente, establece algún resultado antes de actuar y comenzar la acción, pero al hacer de esto un paso simple o establecerlo por un corto tiempo, el peso de sus sentimientos desaparece. En otras palabras, el cableado del pensamiento se reorganiza. Y hay dos puntos de vista importantes.

1. Limitar el tiempo

En primer lugar, establezcamos el objetivo como "tiempo", no en el estado completado. De esa manera usted puede concentrarse en el proceso. Lo importante es dar un paso más. Cuando realmente no tenga ganas, establezca una meta de 5 minutos, para tareas en las que no es bueno, 15 minutos, y para tareas importantes, establezca una meta de 90 minutos.

2. Disminuir el nivel de dificultad

También es importante reducir la dificultad de la meta. Por ejemplo, en el caso de ordenar, de "limpiar todas las habitaciones perfectamente", "limpiar solo una habitación" y "limpiar solo la cocina" son ejemplos.

Cuanto menor sea el obstáculo, más fácil será empezar.

La procrastinación no es una 'enfermedad perezosa' que se puede curar con un nuevo entrenamiento. La procrastinación es un mecanismo psicológico para hacer frente a la ansiedad sobre tareas y decisiones. En otras palabras, la procrastinación es algo que cualquier ser humano puede hacer. Para que no tenga que sufrir por esa culpa, es una buena idea entender el mecanismo y encontrar su propio remedio apropiado para la vencerla.

Capítulo 5
Ser resilientes

La resiliencia mental se refiere a los procesos mentales y psicológicos de adaptación ante la adversidad, los problemas o el estrés intenso. En otras palabras, se puede decir que la resiliencia es "la capacidad de recuperarse rápidamente".

Fortalecer la resiliencia organizacional es importante para que las empresas combatan situaciones y riesgos repentinos. También es necesario aumentar la resiliencia de todos y cada uno de los empleados para que la empresa continúe con sus actividades y crecimiento.

3 Factores

1. Búsqueda de la novedad
La novedad se refiere al interés en diferentes disciplinas y eventos. Además, el deseo de desafiar contenido nuevo sin estar atado por actividades y hábitos familiares también corresponde a la búsqueda de la novedad.

2. Ajuste emocional
Cuando ocurre el estrés, las emociones de una persona fluctúan mucho. El ajuste emocional se refiere a controlar y ajustar los procesos psicológicos para

emociones negativas como "triste", "no es bueno", "quiero escapar" y "quiero rendirme".

3. Orientación futura positiva

Se refiere a expectativas de futuro, pero no a vivir vagamente optimistas. La orientación futura positiva promueve la recuperación mental al visualizar planes futuros basados en metas y sueños claros.

Resiliencia: 6 Competencias

La resiliencia se puede mejorar en función de seis competencias (rasgos de comportamiento).

1. Autoconciencia

La autoconciencia es la capacidad de prestar atención a los propios pensamientos, sentimientos, reacciones fisiológicas y acciones. También es la capacidad de reconocer objetivamente las propias fortalezas y debilidades.

2. Autocontrol

Significa la capacidad de controlar las emociones hacia el resultado deseado, reprimir los propios deseos y tomar las medidas adecuadas, en lugar de sentirse abrumado por el estrés y dejar de pensar.

3. Optimismo realista

Es la capacidad de atrapar el estrés positivamente. También es la capacidad de distinguir entre las cosas

que uno mismo no puede evitar y las que uno mismo
puede controlar, y actuar con un propósito.

4. Agilidad mental

Es la capacidad de captar la situación desde una
perspectiva multifacética y a vista de pájaro y evitar
acciones ad hoc dejadas a las emociones. Las personas
que son buenas en agilidad mental se comportan con
flexibilidad sin estar atadas por prejuicios o
costumbres.

5. Fortalezas de carácter

La personalidad, las habilidades especiales y la forma
de pensar de cada persona son diferentes. Las
fortalezas de una persona son las capacidades de
aprovechar al máximo las propias habilidades y
contrarrestar el estrés.

6. Relación

Se refiere a la capacidad de construir relaciones de
confianza con quienes le rodean y mantener buenas
relaciones. Con la ayuda de los demás, tiene más
opciones para combatir el estrés.

¿Cuáles son los factores de riesgo y los factores protectores en la resiliencia?

Factor de riesgo

Los factores de riesgo son la causa del estrés. Los
ejemplos típicos de factores de riesgo incluyen un
entorno familiar poco saludable, problemas en las

relaciones, desastres, enfermedades y guerras.
Aumentar la resiliencia lo ayudará a abordar mejor los
factores de riesgo.

Factor protector

Los factores protectores son factores que lo ayudan a
escapar de los sentimientos negativos y los entornos
hostiles. Los factores protectores incluyen
características mentales personales, consejeros,
amigos y relaciones en el trabajo. Se dice que la
resiliencia aumenta a medida que aumenta el número
de factores de protección de la calidad.

¿Cuál es la diferencia entre resiliencia y robustez?

La robustez se refiere a la capacidad de resistir el
estrés. Sin embargo, incluso una persona con gran
robustez que protege su espíritu con una fuerte
armadura es difícil de recuperar si se siente enferma.
Por otro lado, la alta resiliencia le permite responder
con flexibilidad al estrés. Al no solo repeler el estrés
con fuerza, sino también aceptarlo con flexibilidad, es
posible responder con más fuerza al estrés.

Las personas con alta resiliencia son así

Alta flexibilidad

Una persona que puede pensar con flexibilidad sin
estar atado por una idea. Incluso si se encuentra en
una situación negativa, puede cambiar de opinión

positivamente y tiene una excelente capacidad para cambiar su forma de pensar. Muchas personas también son buenas para encontrar pistas para revertir la adversidad.

Puede controlar sus emociones

Los altibajos emocionales pueden afectar la eficiencia y los resultados del trabajo. Las personas resilientes no se ven abrumadas por la situación actual y se enfrentan a la esencia de su trabajo. Además, dado que podemos pensar en los problemas desde múltiples ángulos, tenemos una gran cantidad de formas de lidiar con el estrés.

Optimista

Tiene una visión para el futuro y puede actuar positivamente para alcanzar sus metas. Hay características como ser cuidadoso para expresar situaciones negativas en palabras positivas y ser bueno para encontrar fortalezas en las relaciones.

Construir una buena relación de confianza.

La comunicación es siempre activa y confiable para colegas y jefes. Entendemos la gratitud de quienes nos rodean y construimos relaciones que cooperan entre nosotros. Muchas personas tienen la experiencia de poder recuperarse con la ayuda de otros cuando caen en un apuro.

Pensamiento de autorresponsabilidad

No significa que te culpes a ti mismo y te lleves a los malos, sino que tienes la capacidad de pensar para reflexionar sobre lo que necesitas mejorar. Estas personas pueden establecer metas que son demasiado altas y aun así adaptarse a ellas.

Aceptar los hechos y continuar desafiando

En el trabajo, los desafíos surgen uno tras otro. Las personas resilientes pueden tomar los hechos y aprovecharlos frente al fracaso y las dificultades. La "conciencia de crecimiento" que sientes cada vez que superas un desafío será el motor de tus acciones.

¿Por qué no soy resistente?

Volverse resiliente significa, de hecho, aprender a analizar lo que sucede a nuestro alrededor según un modelo más funcional y adaptativo. De ahí derivan tanto una mejor visión de la vida como las consecuencias físicas más adecuadas para afrontar las dificultades. La mente no está desligada del cuerpo, lo que sucede en uno afecta al otro y viceversa.

Pero, ¿por qué la nuestra debería llevarnos en una dirección negativa para nosotros mismos, para nuestra capacidad de afrontar la vida y para nuestro físico? ¿No es eso una contradicción?

El tema es complejo y no quiero arriesgarme a banalizarlo. Además, cada uno tiene sus propios miedos, fantasías, deseos… conscientes e inconscientes y cada vida es única, no existe un modelo estandarizado adecuado para nadie. Lo que sí se puede decir es que a veces elegimos un camino que parece estar en nuestra contra, nos hace sentir mal y, a pesar de ello, lo seguimos recorriendo.

En estos casos, evidentemente, hay alguna forma de ventaja secundaria para nosotros en la terquedad de ir en una dirección que aparentemente nos hace daño. Una ventaja que no es consciente, pero que está anclada a profundas necesidades internas que tratamos de salvaguardar aun a riesgo de nuestra salud (mental y/o física).

Uno de estos "beneficios" que podemos encontrar muchas veces es el de sentirnos no responsables. Vivir allí como víctimas a veces tiene el agradable efecto de hacernos sentir dignos de mimos y atenciones y de quitarnos la pesada carga de hacer algo para mejorar la situación. Actividades que suelen implicar sacrificios, tiempo, etc.

Como dije, cada situación es única; este es solo un ejemplo de una condición frecuente, pero cada uno tiene sus propios "fantasmas" y sus "sombras" con los que lidiar y una imagen de sí mismos que salvaguardar de diferentes maneras.

Saber leer la realidad

Aprender a afrontar nuestros miedos, las fantasías más profundas (que están condicionadas por nuestras vivencias y, una vez más, por la lectura que os hemos dado, por lo que el peligro del que nos defendemos no es necesariamente tal) es fundamental para retomar nuestra vida. Volver a sentirnos capaces de marcar la diferencia, de perseguir nuestros objetivos.

Una lectura más adaptativa de la realidad, más acorde con nuestra capacidad objetiva de tener efectos sobre lo que nos rodea, puede realmente cambiar drásticamente nuestra existencia. Lo cual no significa ensalzarse convenciéndose de controlar nada, sino poder hacer una valoración más realista de los elementos del campo, de nuestros recursos, de lo que depende de nosotros y de lo que no está bajo nuestro control. Saber actuar mejor sobre los primeros y defenderse lo más adecuadamente posible de los segundos.

No debemos pensar en nuestra mente como una herramienta que nos permite ver lo que sucede con transparencia y claridad, sino más bien como un medio destinado principalmente a salvaguardar nuestro ego. A veces, lo hace de manera sorprendente y contraria a la intuición, lo que lleva a una sensación de fracaso. Pero, como expliqué, esto también es a menudo una autodefensa disfrazada, porque nos permite pensar que somos desafortunados, no incapaces.

Ante la disyuntiva entre salvar la autoestima y alcanzar objetivos, muchos (sin saberlo) se inclinan por la primera opción. Esto significa que cuanto más grande sea nuestra imagen de nosotros mismos, más debemos salvaguardarla y esto nos hará extremadamente vulnerables a la frustración.

¿Conoces a esas personas que no aceptan tener el más mínimo fracaso y crean todo tipo de excusas para justificarlo?

Estrés y evaluación cognitiva

Entonces, las dificultades que encontramos, llamémoslas estresantes, se analizan a través de nuestra evaluación cognitiva. Si nuestra mente nos permite experimentar la situación como manejable, tendré una reacción de estrés leve, es decir, de un ente capaz de preparar mi cuerpo para afrontarlo mejor.

Por el contrario, si lo vivo como un gran peligro frente al cual no tengo armas, esa reacción corporal se exasperará, reduciendo mi capacidad para reaccionar mejor y afrontar la situación con la dosis justa de excitación. Mi mente, por otro lado, se paralizará y mi cuerpo reaccionará en consecuencia.

De hecho, soy yo mismo, a través de los filtros de mi evaluación, quien induzco las respuestas físicas, emocionales y conductuales más o menos adecuadas para reaccionar ante los acontecimientos.

Lugar de control

¿Por qué la creencia de que tenemos éxito en algo nos da muchas más posibilidades de éxito que su opuesto?

No se trata de magia, de la creencia New Age de que "si lo crees fuerte sucederá" (¡sin hacer nada!).

Al contrario, es una exhortación a la acción. Si estoy convencido de que puedo hacerlo, empiezo a implementar una serie de estrategias y comportamientos que me llevan más fácilmente a alcanzar la meta. Si creo que no puedo, estaré atascado ("¿cuál es el punto de tomar medidas si fallo de todos modos?").

La base del compromiso viene de poder ver los eventos como dependientes de nosotros. Y esto, a su vez, se deriva de nuestro lugar de control. ¿De qué se trata?

James Rotter, quien desarrolló esta teoría, distingue a las personas entre aquellas que creen que las situaciones están en gran medida determinadas por ellas, y aquellas que ven la vida como un destino que se cumple en base a la suerte o la desgracia, donde las acciones de uno tienen poco o nada. sin control.

Podemos imaginar esta dimensión como una línea continua con dos extremos, en un punto variable de la que cada uno de nosotros posa. Cuanto más cerca estemos del extremo de que todo depende del exterior, más viviremos pasivos y resignados, sin esforzarnos en influir en el curso de nuestra vida. Cuanto más nos acercamos al extremo de considerarnos creadores de nuestro futuro, más nos esforzamos por lograr lo que nos proponemos (y a menudo lo haremos).

Profundizando en el análisis de Rotter, Bernard Weiner hizo que el modelo fuera no lineal sino multidimensional. Es decir, los estilos de atribución dependen no solo de la postura interna/externa, sino también de cuán estable/inestable y controlable/incontrolable es una situación. La mezcla de los diversos factores da lugar a diferentes tipos de estilos de atribución.

Entrenar la resiliencia

Pero, ¿cómo se puede entrenar la resiliencia con todo su sistema interpretativo de los acontecimientos?

Desafortunadamente, no con recetas fáciles. Y es la razón por la que no todos somos resilientes y algunos prefieren apoyarse en un modelo de vida más victimista y fatalista.

Trabajar la sensación de control significa destruir poco a poco los sentimientos de imposibilidad que nos invaden. El primer paso para aumentar la percepción de la propia eficacia personal es actuar, pero hacerlo según un criterio. En primer lugar, estableciendo objetivos SMART. Por lo tanto: específico, medible, alcanzable, relevante, definible en el tiempo.

Después de eso, prepárese para alcanzarlos, una pieza a la vez. Incrementando gradualmente la dificultad de la tarea, de manera que siempre sea desafiante y eso motive, pero, al mismo tiempo, exista la posibilidad de obtenerla y no se vuelva frustrante (como inalcanzable).

No es solo lo que hacemos para lograr el objetivo, sino también cómo reaccionamos e interpretamos los eventos en caso de una derrota lo que determina nuestra resiliencia. Abandonar el primer fracaso es lo más sencillo, pero perseverar, hacer más, intentar entender dónde está el error y encontrar nuevas formas de mejorar o sortear los obstáculos son algunos ejemplos de la reacción del resiliente ante las dificultades. Ciertamente no abandonar la carrera.

La importancia del entorno social.

El entorno que nos rodea y, sobre todo, el que nos hace crecer, es un elemento fundamental en el desarrollo de la resiliencia. Una familia que nos protege de todo, especialmente de las frustraciones, que culpa siempre a los demás de los fracasos por miedo a dañar nuestra autoestima, que nos reemplaza a la hora de hacer las cosas (enviándonos así el inevitable mensaje, más o menos velado, de que no confía en nuestra capacidad para hacerlo solo) no son ciertamente una ayuda para el desarrollo de esta capacidad fundamental para afrontar adecuadamente el resto de nuestra vida.

Esta es, en cambio, la forma más directa de criar niños frágiles, incapaces de absorber los choques inevitables de la vida, las frustraciones que generan. Satisfacer todo deseo inmediatamente, sin aprender el arte de la espera, el espacio lleno de incógnitas entre el deseo y el cumplimiento, nos debilita en el ejercicio de la voluntad, la postergación del deseo que es la base esencial de la paciencia, pero también del arte de soñar. y esperanza, que hacen una vida llena de valor.

La frustración: un estímulo para la resiliencia

La frustración, por lo tanto, debe verse no como un evento negativo, la muerte de nuestros deseos, sino como un impulso para moverse, para tratar de encontrar formas de satisfacer nuestros deseos.

¿Pensamos que se necesitaba un compromiso X para alcanzar la meta Z? En cambio, nos dimos cuenta de que en el medio no habíamos calculado algunos elementos que afectan el resultado, como la Y. Bueno, hemos recopilado algunos datos más que nos permiten reajustar el tiro para llegar a la consecución de los objetivos.

Aquí la capacidad de diferir la gratificación resulta útil. La frustración no es dañina en sí misma, al contrario, ayuda a entrar en contacto con la realidad. Sólo lo es cuando es excesiva y extremadamente prolongada, porque puede conducir a la indefensión aprendida.

La frustración adecuada, en cambio, nos obliga a ver la situación con todos sus elementos, a releer la realidad con más datos y a tenerla en cuenta para nuestros objetivos posteriores. Ser capaz de captar el lado positivo, reconociendo la decepción, el cansancio o el dolor, para aprender lecciones incluso de nuestras derrotas, es un recurso esencial para volvernos resilientes. Lo que derriba a otros fortalece al resistente.

Reestructuración cognitiva

Una vez más, estamos en el campo de la reestructuración cognitiva. La dificultad hoy es ser resiliente en una sociedad que solo admite la victoria y el éxito y que vive el fracaso como un horror del que hay que alejarse.

Imaginamos el logro de nuestras metas como una línea que va de A a C. El fracaso podría ser el punto B. La diferencia entre el resiliente y el no resiliente es que este último ve el punto B como el final de un camino, el resiliente ve como uno de los puntos de la ruta que continúa con D, E, F, etc. Donde B es más información a adquirir para llegar a C más fácilmente, luego D, y así sucesivamente.

Esta forma de reestructuración nos permite vivir allí no como sujetos pasivos, sino como parte activa de un camino en el que usamos lo que sucede para llegar a donde queremos; recombinamos los elementos con diferentes órdenes para lograr nuestro objetivo de todos modos.

Esperanza y optimismo

La esperanza y el optimismo son dos características fundamentales de las personas resilientes. Son actitudes que nos solicita sobre todo el entorno en el que vivimos, pero que también podemos potenciarlas y "practicar" para adquirirlas si nuestro ecosistema social no nos ha ayudado a hacerlas crecer.

Según el psicólogo Martin Seligman, la diferencia entre pesimistas y optimistas es, una vez más, una cuestión de enfoque cognitivo e interpretativo basado en los conceptos de permanencia y omnipresencia.

En la práctica, los pesimistas interpretan los eventos adversos como estables y duraderos. Y esto, a estas alturas ya lo habremos entendido, afecta nuestras reacciones emocionales, físicas y conductuales.

Es evidente que, si interpreto un problema como inmanente y continuo, imagino que es inútil trabajar para cambiar las cosas. Una visión que necesariamente producirá una sensación de impotencia y desesperación.
Los optimistas y resilientes, por otro lado, tienden a ver los eventos negativos como temporales. Pero también específicos.

Y esto introduce el segundo elemento, la omnipresencia entendida como generalización. Quienes son optimistas ven los eventos negativos no solo como momentáneos, sino también definidos en un sector en particular.

El pesimista, en cambio, los considera omnipresentes,
es decir, tiende a generalizarlos, a extenderlos desde
un ámbito distinto a todos los sectores.

Después de un fracaso, como una carrera a pie
perdida, por ejemplo, no piensa: "No estoy lo
suficientemente entrenado para ganar, tengo que
esforzarme más en este deporte", sino "No soy capaz de
nada", en el deporte como en la vida. Una derrota en
un área se convierte en un fracaso en todo.

Es evidente que la sensación de estabilidad y
generalización de los eventos adversos determina la
sensación de no tener control sobre la propia vida. Así
que volvamos al lugar de control afuera y el círculo se
cierra.

Los pasos para entrenar la resiliencia

En resumen, está claro que la formación en resiliencia
requiere trabajar estos aspectos:

• Conciencia de nuestro sistema de creencias
• Modificación de la evaluación cognitiva;
• Mejora del sentido de control y autoeficacia
personal;
• Regulación de la relación entre nuestros
pensamientos y nuestro cuerpo, es decir, las
respuestas fisiológicas

• Desarrollo de la neuroplasticidad, es decir, la modificación del cerebro y sus conexiones gracias al trabajo de los aspectos anteriores.

Esto hará permanentes los cambios introducidos y, en consecuencia, nuestra visión del mundo y nuestra forma de abordarlo.

La resiliencia es entrenamiento, no un producto que se compra rápidamente y se empieza a trabajar de inmediato. Se necesita compromiso y perseverancia… y el camino para alcanzarlo es, de hecho, ¡un aprendizaje de resiliencia! Es un camino que hay que recorrer con calma, tenacidad y constancia para obtener sus efectos.

Uno de los puntos más complejos es el primero, porque muchas veces desconocemos por completo (o casi) nuestras interpretaciones de los hechos y el marco cognitivo en el que los enmarcamos. Así como el efecto decisivo que esto tiene sobre los resultados (físicos, emocionales y conductuales).

Capítulo 6
Lograr la paz interior

Una de las máximas hawaianas es "Cuídate por fuera como te cuidas por dentro, porque en realidad es lo mismo". El concepto de unidad es sumamente importante para que podamos comprender mejor cómo lograr la paz interior.

Uno de los pioneros de la medicina holística es el Dr. Deepak Chopra. Este médico internista y endocrinólogo especializado en metabolismo es autor de muchas teorías interesantes. Pueden ser la base para reflexionar sobre cómo cuidamos nuestra propia paz interior.

"El mayor desafío de la existencia es la existencia misma". -Deepak Chopra-

Paz interior: ¿cómo se puede obtener?

La paz interior es un objetivo común. Para lograrlo, muchos buscan inspiración en la filosofía oriental. Otros se benefician de la ayuda de una variedad de profesionales de la psicología. El sistema de valores más tradicional de la sociedad en la que vivimos requiere una revolución, una desviación del camino de nuestra propia dinámica relacional.

Cuando hablamos del sistema de valores, nos referimos al que se enfoca en la competencia extrema y el éxito que debe lograr a toda costa. Este sistema operativo todavía domina. Cada vez más personas comienzan a buscar un camino diferente hacia la felicidad. Experimentan de diferentes maneras para finalmente encontrar la paz interior.

Para el médico mencionado anteriormente, la paz interior es un estado que, una vez alcanzado, permanece. Entonces, el mayor desafío sigue siendo lograrlo, el camino hacia la meta. El concepto de Chopra puede ser, por tanto, un tema interesante para quienes deseemos obtenerlo. Por eso necesitamos conocernos mejor y encontrar la reconciliación entre nuestro pasado, presente y lo que queda por delante.

La paz interior está en ti

La actividad básica es buscar la paz dentro de nosotros. Para ello, el citado especialista recomienda practicar una meditación que permita mirar dentro de uno mismo y superar la barrera de la actividad mental superficial. Es imperativo ir más allá del pensamiento habitual.

Para lograr la paz interior, necesitamos llegar a la parte más profunda de nuestra mente que es responsable de ella. Uno debe experimentar lo que es el silencio y la quietud, que resultan ser una experiencia duradera.

Recuperar la paz interior

El siguiente paso es volver a un lugar donde pueda sentirse a gusto. Sin embargo, este no es un camino físico que deba ser recorrido. Más bien, es una especie de viaje mental. Cuando vivimos situaciones estresantes que aumentan nuestra sensación de ansiedad y un surgimiento de emociones negativas, es imperativo hacer este viaje mental e ira un lugar donde domine la paz interior.

El ejercicio regular hará que aprenda a volver allí automáticamente, lo que finalmente reducirá el esfuerzo que hace para hacerlo. Mediante el uso de esta estrategia, será mucho más fácil para usted dejar de lado las emociones negativas como la ira, el resentimiento o la sensación de inseguridad.

Manténgase alejado de la violencia

Una vez que hayamos recorrido este camino y hayamos encontrado nuestro lugar de paz, y luego aprendamos a regresar a él, nos será mucho más fácil liberarnos de cualquier tipo de violencia o agresión. Esto, a su vez, es un factor clave para eventualmente aprender a controlar nuestras emociones.

Según Chopra, así es como aprendemos a controlar la ira, los celos y el resentimiento. Sólo así podemos llegar a ser completamente libres y llegar a nosotros mismos. Es en el lugar donde hemos experimentado la paz interior durante la meditación donde ponemos los cimientos de nuestro equilibrio. Después de algún tiempo, los absorbemos y comenzamos a reconocerlos como completamente verdaderos. Seremos lo que somos por dentro.

Paz interior que crece

Es necesario lograr el sentimiento de paz interior todos los días. Debemos buscar esta voz del equilibrio todos los días. Gracias a ello, rechazaremos por completo la violencia y no tendremos que lidiar con la ansiedad, y además controlaremos en mayor medida lo que ocurre en nuestro interior. Esto también resultará en un mejor control de lo que sucede en el mundo exterior.

Formas de encontrar la paz interior

A menudo nos resulta difícil organizar nuestras mentes en nuestras cabezas, lo que provoca confusión, falta de sueño e incluso depresión. Así que cuide de su salud mental y encontrará la paz interior. ¿Cómo hacerlo?

* **Dese tiempo para descansar**

En el mundo de obtener resultados, aumentar la productividad, completar tareas, es difícil encontrar tiempo para descansar. Así que establezca un momento en el que se esté relajando. Puede ser media hora antes de acostarse, o una hora después del trabajo o después del almuerzo. Haga que este tiempo sea tan importante para usted como el tiempo que pasa preparando la cena, estudiando o lo que sea. El descanso mental es extremadamente importante para lograr el equilibrio mental.

• **Haga una lista de placeres**

Una vez que haya establecido su propio tiempo para descansar, es una buena idea hacer una lista de placeres. Gracias a esto, evitará una situación en la que o se aburrirá o no descansará de la multitud de ideas y tareas. A menudo nos olvidamos de nuestros placeres y terminamos en el sofá navegando en Facebook o cambiando de canal. Al elegir actividades, piense cuidadosamente en lo que realmente lo ayudará a relajarse. No haga varias cosas a la vez. Por ejemplo, tomemos un descanso con un libro. Apague Facebook, silencie su teléfono, elimine posibles "interruptores". Prepare su té favorito y siéntese cómodamente en el sillón. Tómese un descanso y sumérjase en un libro, olvidándose de todo lo que le rodea. Cuelgue la lista en un lugar destacado y cree pequeños rituales de descanso cada día.

• **Haga una lista de cosas por hacer**

Si bien el descanso es importante para recargar sus baterías internas, es aún más importante que mantenga sus pensamientos en orden durante todo el día. Con miles de cosas en la cabeza, es difícil concentrarse, comenzamos a hacer una tarea, luego pasamos a la siguiente sin terminar la primera y acabamos estresados. La lista de tareas le ayudará a organizar sus pensamientos para que pueda concentrarse mejor. Haga una lista al final de cada jornada laboral y deje su negocio en la oficina. Permita que esta lista guíe su día, y si surgen nuevas tareas o pensamientos, escríbalos inmediatamente y continúe con su trabajo. De esa manera, no empezará a hacer mil cosas a la vez.

La segunda lista, cosas que hacer después del trabajo, hágalo todos los días a la hora de acostarte para que puedas dormir bien. Ambas listas le ayudarán a organizar sus pensamientos y le acercarán un paso más a la consecución de la paz interior.

• **Regule sus finanzas**

Los préstamos rápidos no son una mala idea si solicita prestado con responsabilidad. Sin embargo, muchos no planifican un presupuesto y gastan dinero en lo que no necesitan, y sin un plan. Un préstamo sin un plan de pago a menudo conduce a deudas que agobian nuestra psique. Entonces, regulemos las finanzas para que no se interpongan en el camino de lograr la paz interior.

• **Piense en lo que es importante para usted y enfóquese en ello**

Queremos demasiado en estos días. Todos deben desarrollar su carrera, sus talentos, irse de vacaciones al extranjero, tener una vida social exuberante, un hermoso apartamento, estar al tanto de las innovaciones técnicas, varias tendencias o mantenerse en buena forma física. Acéptelo y admita que no puede

obtener todo de una vez. Piense en loque es importante
para usted en un momento dado de su vida y dedique
la mayor parte de su tiempo a ello. Elija 3 áreas de la
vida, por ejemplo, carrera, pasatiempos y salud,
escríbalas en orden y concéntrese en ellas. De vez en
cuando, vuelva a consultar esta lista y analice si los
campos siguen siendo los más importantes para usted.
Recuerde que el punto no es que abandone por
completo otras áreas de la vida, sino que establezca
prioridades y les dediques más tiempo.

Meditación: ¿cómo se relaciona la ciencia con ella?

La meditación se ha vuelto tan popular en los últimos
años que se ha convertido en parte de nuestra vida
diaria, en muchos entornos diferentes y para muchos
usos y propósitos muy diferentes. Sin embargo, no fue
sin razón.

La meditación ofrece muchos beneficios para nuestra
salud física y mental. Tal vez por eso se ha puesto tan
de moda y popular.

Sin embargo, muchas personas rechazan la
meditación porque no "creen" en ella ni en sus
cualidades. Pero la meditación no es una religión, ni es
simplemente otra extraña moda. No tiene que creer en
ello para que funcione. No requiere magia ni suerte.
Tampoco se trata de ningún truco antiguo legendario
con una credibilidad más o menos probada.

La realidad es exactamente la contraria. Muchos de los beneficios que la gente atribuye a la meditación se han demostrado a través de la práctica. Además, la meditación y su eficacia han sido científicamente probadas.

La meditación le hace más creativo

Un beneficio interesante de la meditación es que fomenta la acción y aumenta nuestra creatividad. Un estudio de la Universidad de Leiden en los Países Bajos en 2012, así como muchos otros estudios de la misma universidad en 2014 han demostrado de manera concluyente que algunas técnicas de meditación promueven el pensamiento creativo.

Esta investigación se centró en una técnica de meditación llamada "monitoreo abierto". En este caso particular, los participantes del estudio estaban abiertos a todos los pensamientos e impresiones, sin enfocarse en ningún concepto o tema en particular. Como resultado, se las arreglaron mejor con las tareas de pensamiento creativo y generaron más ideas nuevas que antes.

Estos hallazgos respaldan la creencia de que la meditación puede tener un impacto duradero en la comprensión que las personas tienen del mundo y de sí mismas. Esto incluye la forma en que imaginamos nuevas ideas y eventos. No solo es un excelente ejercicio y relajación para aquellos que ya han experimentado la meditación. Los novatos también pueden beneficiarse de este método.

La meditación reduce el estrés y la ansiedad

Un estudio publicado en enero de 2017 por la Universidad de Georgetown en Estados Unidos demostró que el entrenamiento en meditación reduce la inflamación, que es la típica respuesta fisiológica del cuerpo ante el estrés, especialmente cuando se practica mindfulness. En un ensayo clínico rigurosamente diseñado, se encontró evidencia fisiológica objetiva que demuestra que la meditación consciente combate la ansiedad y la ansiedad.

Los investigadores encontraron que los pacientes con trastornos de ansiedad redujeron drásticamente el nivel de secreción de la hormona del estrés y redujeron la inflamación en situaciones estresantes después de someterse a toda la terapia con técnicas de meditación. Los pacientes que tomaron un curso de manejo del estrés sin meditación tuvieron resultados significativamente peores en todos los casos.

Otro estudio publicado en mayo de 2017 por investigadores de la Universidad de Waterloo en Canadá encontró que solo 10 minutos de meditación ayudan a las personas con ansiedad a concentrarse mejor en una tarea específica. El estudio evaluó los efectos de la meditación en 82 participantes que experimentaron estados de ansiedad en su vida diaria.

Resultó que desarrollar la conciencia del momento presente redujo los pensamientos repetitivos sobre temas que eran realmente irrelevantes para la tarea en cuestión, que sin duda eran tanto un signo como una causa de ansiedad.

Los investigadores explican que la mente "errante" representa casi la mitad del flujo diario de datos de conciencia de cualquier persona. Para las personas con ansiedad, los pensamientos repetitivos que impregnan sus tareas pueden afectar negativamente su capacidad para aprender, realizar tareas o incluso funcionar de manera segura en su vida diaria.

Muchas personas reportan efectos positivos para la salud al practicar yoga y meditación. Estas personas también experimentan numerosos beneficios mentales y físicos. Sin embargo, todavía tenemos que aprender mucho acerca de cómo estas prácticas afectan exactamente la salud de nuestra mente y cuerpo.

Los investigadores estudiaron a los participantes del estudio que se ofrecieron como voluntarios para someterse a un intenso aislamiento de tres meses. Los investigadores encontraron que las prácticas de meditación influyeron positivamente en los indicadores fisiológicos e inmunológicos del estrés y la inflamación. También mejoraron el bienestar subjetivo de todas las personas encuestadas sin excepción.

La meditación alivia el dolor físico y mental

El alivio del dolor es otra razón por meditación es de interés para un gran número de científicos. Un estudio publicado en junio de 2017 por la Universidad de Leeds Beckett en el Reino Unido mostró que la meditación podría ser una alternativa más económica a los analgésicos tradicionales.

Según este estudio, solo diez minutos de ejercicio de atención plena podrían usarse como alternativa a los analgésicos. Estos resultados sugieren que una sesión de atención plena de diez minutos puede mejorar la tolerancia al dolor, elevar el umbral del dolor y reducir la ansiedad por el dolor.

Otros estudios anteriores analizaron la posibilidad de aliviar el dolor sin el uso de medicamentos a base de opioides, pero solo a través de la meditación. Así sucedió, entre otros, en el caso del estudio estadounidense de marzo de 2016. Fue realizado por Wake Forest Baptist Health y publicado en el "Journal of Neuroscience". Según este estudio, después de un breve período de meditación, el dolor resultante del entrenamiento deportivo intenso disminuyó notablemente.

Estos resultados son especialmente importantes para las personas que no pueden tomar analgésicos a base de opiáceos. Estas personas están buscando otra forma no adictiva de reducir el dolor que sienten. La meditación se puede utilizar junto con otras terapias o medicamentos tradicionales para aliviar el dolor sin efectos secundarios.

Investigaciones anteriores de 2015 realizadas por el mismo centro encontraron que la meditación consciente reduce el dolor de manera mucho más efectiva y mejor que la administración concomitante a un grupo de control con placebo. Este estudio utilizó un enfoque de dos vías. Tanto los métodos de evaluación del dolor como las técnicas de imágenes cerebrales se han utilizado para determinar si el cambio en la percepción del dolor a través del entrenamiento de atención plena es un efecto placebo o tiene un efecto real en el cerebro humano.

Este estudio encontró que los participantes que ejercieron la atención plena informaron un mayor alivio del dolor que los que tomaron un placebo. Los escáneres cerebrales también mostraron que su actividad cerebral era ligeramente más alta que en aquellos a quienes los investigadores les dieron un placebo.

No necesitamos más pruebas para probar la eficacia de este método. Si quiere ponerlo en práctica y ver si la meditación realmente funciona, solo tiene que probarlo por usted mismo. Debe mantener la mente abierta y no hacer prejuicios previos. La meditación no tiene efectos secundarios, y una vez que empiece a practicarla, verás por sí mismo lo rápido que empieza a obtener resultados positivos.

Capítulo 7
Fortalecer la autoestima

La autoestima ha entrado definitivamente en la conciencia de la sociedad como un factor importante que influye en un amplio espectro del comportamiento humano. No sucedió por casualidad, porque el tema de la autoestima ha aparecido muchas veces en la investigación científica como tema de interés de los psicólogos. Se buscan sus relaciones con muchas otras variables, mostrando muchas veces su gran importancia.

En este capítulo, veremos la autoestima en relación con sentirse satisfecho con una relación. Intentaremos ver si el nivel de autoestima puede ser importante para obtener el sentimiento de satisfacción de estar en una relación y cómo son las relaciones con personas con una autoestima inadecuada.

El concepto de autoestima y fenómenos relacionados.

El Diccionario de Psicología de Reber dice que la autoestima es la autoevaluación, que puede ser positiva o negativa. Las personas pueden mostrar diferentes actitudes hacia los objetos de origen externo e interno. Por lo que concluyo que es posible adoptar una actitud positiva o negativa hacia uno mismo, es decir, la autoestima. Se supone que la autoestima se forma en el período preescolar. Entonces es todavía muy inestable e inadecuado. Depende en gran medida del juicio de otras personas. Los niños se caracterizan por sobrestimar sus capacidades en relación con su nivel real.

La autoestima estable se desarrolla a lo largo de los años y requiere diferentes ingredientes. El niño, inicialmente a través de las evaluaciones de otras personas sobre lo que él hace. Entonces, estas valoraciones están sujetas a cierta generalización y se vuelven permanentes. Una persona, al ver la reacción del entorno a sus éxitos y fracasos, encuentra su posición en el grupo de referencia. La opinión de las personas significativas es de particular importancia en el desarrollo de la autoestima. Si el niño no recibe comentarios positivos de estas personas clave, su autoestima será baja. Son los padres quienes hacen las primeras valoraciones de su hijo y de ellos suele recibir información sobre si es importante. El niño es la atención de los padres durante un cierto período de su vida, sus necesidades son satisfechas de forma desinteresada, experimenta un apoyo incondicional, gracias al cual crece su autoestima. Las investigaciones confirman que una relación más cercana y afectuosa con la madre se asocia con una mayor autoestima, mientras que los adolescentes que experimentan el apoyo de su familia tienen un mayor nivel de autoestima global.

Posteriormente, el grupo de pares se vuelve más importante para el desarrollo de la autoestima. Cuanto mejor lo enfrentemos y mejor posición tomemos, mayor será nuestra calificación. La autoestima también está influenciada por el desarrollo físico, el progreso educativo, el desarrollo personal y los planes futuros.

Cabe señalar, sin embargo, que las experiencias descritas no determinan el nivel de autoestima para la vida ya que se ha demostrado que la estima aumenta desde la adolescencia hasta alrededor de los 60 años, para luego disminuir en la vejez. En varios períodos, puede cambiar a través de la experiencia adquirida, por ejemplo, en la escuela, en la universidad o en el trabajo, donde una persona se encuentra con evaluaciones diferentes a las anteriores.

También parece interesante que la autoestima de los familiares se influya entre sí. La investigación de Wagner y otros (2018) ha demostrado que un cambio en la autoestima del esposo está asociado con un cambio posterior en la autoestima de la esposa. Sin embargo, estos estudios no mostraron la relación opuesta.

Al escribir sobre los factores importantes para el desarrollo de la autoestima, se debe tener en cuenta que existe una fuerte relación entre la autoestima y el uso de las redes sociales, y lamentablemente es negativa. Además, dado que este tipo de portales son más utilizados por los jóvenes, están más expuestos a su impacto negativo.

Es evidente que la autoestima puede ser moldeada por señales externas e internas. Cuando una persona confía en las opiniones de los demás sobre sí misma más que en sus propios sentimientos, nos enfrentamos a un control externo. La autoevaluación basada en dicha evidencia puede causar varios tipos de fluctuaciones y, por lo general, es menos estable. A su vez, el autocontrol está asociado al desarrollo de herramientas de autorregulación en términos de autoevaluación. Esto es importante porque las valoraciones propias y del entorno no siempre son consistentes.

También cabe mencionar que la autoevaluación puede ser adecuada o inadecuada. Si un individuo reconoce correctamente sus fortalezas y debilidades, puede responder apropiadamente a los eventos y desafíos en su vida. Por otro lado, una autoestima inadecuada está relacionada con un juicio incorrecto de las propias capacidades, es decir, con sobrestimar o subestimar el efecto anticipado de la tarea realizada.

Inadecuada autoestima

La baja autoestima se asocia con expectativas más bajas de sí mismo. Tal persona no toma algunas acciones porque espera el fracaso, lo que a su vez contribuye a menores logros. Esto conduce a un círculo vicioso en el que una persona, convencida de su bajo valor, considera que ciertas tareas son demasiado difíciles, no las realiza y, por lo tanto, no mejora sus logros y se refuerza en una baja autoestima. Estas personas generalizan las experiencias negativas a otras esferas de la vida y se atribuyen poco valor en tareas que no están relacionadas con la situación de fracaso.

Una estrategia frecuente para mejorar la autoestima en este tipo de personas son los métodos no constructivos, por ejemplo, calumniar a los demás. El mundo es visto como peligroso y amenazante. Esto le permite explicar sus fallas, pero conduce al cierre y a una actitud negativa hacia el medio ambiente. Podemos imaginar cómo es la vida en una relación con una persona así. A menudo, tales socios son desconfiados y cerrados a los contactos sociales. Rara vez admiten sus errores. Les resulta más fácil encontrar defectos en su pareja que en ellos mismos, aunque en el fondo sienten el dolor y la desesperanza asociados al fracaso vivido. A menudo son incapaces de aceptar sus imperfecciones. Se esfuerzan por el perfeccionismo, que se manifiesta a veces en expectativas extrañas hacia una pareja o hijos. Esto conduce a varios conflictos y falta de comprensión. Por lo tanto, es fácil sentirse solo a pesar de estar en la relación. Las parejas de estas personas a menudo experimentan dificultades debido a la frustración de sus necesidades o al constante retraimiento o falta de aceptación de los desafíos por parte de la otra parte. Porque una persona con baja autoestima puede tener miedo de muchas cosas que son importantes para su pareja y conducen al desarrollo.

Por otro lado, una persona con baja autoestima puede detenerse en su propio crecimiento. Esta es otra situación que amenaza la relación, porque si los socios no se desarrollan a un ritmo similar, puede llevar a la pérdida de atractivo a los ojos de la otra persona o a los planes y expectativas de vida perdidos.

Por otro lado, demasiada autoestima se asocia con emprender tareas que exceden las capacidades de una determinada persona. A pesar de que las circunstancias permiten una adecuada valoración de la situación, estas personas abordan los retos de forma acrítica. Existe la posibilidad de que este tipo de intento tenga éxito, porque después de encontrar dificultades, una persona puede utilizar recursos de los que no era consciente hasta el momento. Puede superar sus limitaciones y lograr su objetivo previsto.

Este escenario es más realista cuando la diferencia entre la tarea acometida y las posibilidades reales no es demasiado grande. Sin embargo, si las discrepancias son significativas, la persona a menudo experimenta reveses y más estrés. Como en el caso de las personas con baja autoestima, estas personas tratan de asumir la responsabilidad por el fracaso y culpar a la situación desfavorable o a otras personas. No solo se decepcionan a sí mismos, sino también a su entorno. Esto, a su vez, puede conducir a la escalada de conflictos o al deterioro de las relaciones sociales. Esas personas pueden ser responsables no solo de sus propios fracasos, sino también de los fracasos de los equipos en los que se han comprometido más allá de sus capacidades. Estas personas pueden parecer arrogantes y, por lo tanto, son menos queridas (a diferencia de las personas con baja autoestima).

Vivir con una pareja con una autoestima inadecuadamente alta tampoco es fácil. Se involucra en tareas más allá de sus capacidades y, como resultado, funciona en un mundo poco realista. Puede alimentarse de sueños de éxito y prosperidad, pero las acciones que toma para lograr ese objetivo son inadecuadas. Los socios de tales personas están expuestos a la frustración y la decepción. Si bien al inicio de la relación apoyan a sus seres queridos, en algún momento se dan cuenta de que se trata de una persona incapaz de implementar sus planes. Sus sueños compartidos están bajo amenaza. Las expectativas decepcionadas pueden convertirse en arrepentimiento y resentimiento. Esto, a su vez, puede amenazar la estabilidad de la relación. Entonces, como podemos ver, una autoestima inadecuada, independientemente de si se subestima o se sobreestima, tiene un impacto negativo en la relación que se está construyendo.

Acciones compensatorias inadecuadas y su importancia para la relación

Muchas personas realizan todo tipo de actividades para mejorar su autoestima. Esto es comprensible porque una mayor autoestima se asocia con emociones positivas. Por lo general, las personas intentan llevar su autoestima general a un nivel más alto, no necesariamente en el área en la que el individuo ha experimentado un fracaso. Por lo tanto, cuando experimentamos un fracaso en una de las áreas de la vida, podemos intentar compensarlo en otra área. Por ejemplo, si experimentamos dificultades en una relación romántica, podemos escapar a una esfera profesional en la que somos triunfantes. Gracias a esto, el nivel de autoestima global estará en el nivel adecuado. Es una estrategia efectiva, pero su punto débil es el hecho de que el área problemática nunca podrá ser mejorada. Entonces las personas que han fracasado en construir relaciones, por ser su lado más débil, suelen recurrir a otras actividades que apoyan su autoestima.

¿Qué es la baja autoestima?

La autoestima, o amor propio, es un sistema dinámico que determina la calidad de vida del ser humano. La autoestima baja, o inestable, es un predictor de muchos trastornos mentales. Favorece, entre otras cosas, la depresión, la ansiedad y otros trastornos de personalidad.

Se puede decir que esta es una discrepancia drásticamente sentida entre el "yo" real y el "yo" ideal.

La baja autoestima dificulta construir relaciones cercanas con otras personas, iniciarlas y mantenerlas.
• Impide la realización de sus capacidades, porque las personas con baja autoestima se conforman con las opciones menos exigentes.

Factores que se presentan en la baja autoestima

• Timidez
• Sentimiento de vergüenza
• Sentimiento de culpa, autoinculpación
• Hipersensibilidad a la crítica.
• Pesimismo injustificado, lo siento
• Miedo al futuro
• Problemas de decisión
• Emocionalidad negativa
• Tendencia a ayudar a todos
• Perfeccionismo
• Hostilidad injustificada
• Buscando constantemente el lado malo de todo, especialmente de sí mismo.
• Exagerar las faltas propias y ajenas
• Sin motivación
• Aburrimiento, depresión

Cómo mejorar la autoestima

Si la baja autoestima no es un gran problema para usted, puede trabajar con ella usted mismo. Sin embargo, si siente que le limita mucho, vale la pena recurrir a la ayuda de un experto.

Cuando trabajamos la autoestima, respondemos a las preguntas: "¿Quién soy yo?", "¿Cómo me siento al respecto?" Como lo hemos dicho, baja autoestima significa autoestima negativa y el malestar resultante. ¿Cómo cambiarlo?:

Solemos sentirnos mal cuando nuestra sensibilidad ha sido herida. Alguien nos criticó, nos insultó, nos avergonzó, nos asustó, nos culpó. Y ahora, a menudo inconscientemente, nos sentimos mal por eso todo el tiempo, porque tomamos la opinión o las emociones de otra persona como propias. Ahora actuamos como un autómata, recreando viejas situaciones, porque las emociones reprimidas piden liberación. Si no lo hacemos, no sanamos estas emociones, somos autodestructivos. Trabajar sobre las emociones reprimidas requiere un trabajo interno específico y, a menudo, aquí se necesita la ayuda de un psicoterapeuta.

¿Qué puede hacer usted solo? ¿Cómo subir su autoestima?

1. **Sé consciente de sus emociones y estados de ánimo**. Identifique sus miedos, tristezas, enojos.

2. **Cuídese.** Haga lo que sea correcto para usted. Si siente que necesita la compañía de personas, por ejemplo, acérquese a ellas. Si tiene sobrepeso, cuide su alimentación y haga ejercicio. Si tiene miedo de algo, averigüe por qué sucede y acepte el desafío.

3. **Identificar los desencadenantes de la baja autoestima**. Piense en quién y cuándo lo criticaron y recuerde cómo le dolió. Luego responda la pregunta, ¿cuáles son las consecuencias de esto hoy? ¿Qué no está haciendo, qué no estás haciendo por eso?

4. **Cambie su comportamiento**. Cuando sienta que la baja autoestima lo está frenando o empujando a actuar con algo que no es bueno para usted (por ejemplo, evitar a las personas o hacer reclamos de relaciones), deténgase. Utilizar técnicas de relajación, meditación, ejercicios de respiración. Lo alejarán de sentimientos que hoy ya no son relevantes. Dejará de actuar sobre los impulsos del pasado. Esto le permitirá asumir nuevos comportamientos.

5. **Desarrollar nuevas habilidades**. Por ejemplo, si tiene mucho miedo a la soledad porque alguien lo abandonó alguna vez, practique disfrutar de la compañía del otro, pruebe estar solo. Puede doler al principio, pero luego habrá una sensación de su propio poder. Cuando tenga miedo a la oscuridad, apague la luz y verá que no es tan oscuro en absoluto.

6. **Exprese sus sentimientos**. ¿Tiene miedo de algo? Cuéntele eso a una persona de confianza. Una confesión sincera y clara, como "soy tímido" o "tengo miedo de no tener éxito porque es nuevo para mí", abrirá el corazón de quien quiera ayudarle.

7. **Piense en opciones**. Creencias como - se acabó, o, no hay salida - por lo general son infundadas. Siempre hay una tercera opción, y muchas veces es la mejor para nosotros. Ejercite la flexibilidad, piense en tonos de gris.

8. **Diga "no"**. No sea tímido, atrévase a decirle "No" a los que lo limiten, no se permita ser usado. Dígale "no"

a la falsedad que le rodea, al abuso, a lo que quiera
despedirse.

9. **Mantenga contacto con su cuerpo**. Todas las
emociones están en el cuerpo. Al practicar la atención
plena, puede decodificarlos y usarlos creativamente.
La ira lo empujará a actuar y la tristeza lo abrirá a la
alegría.

10. **Sea de mente abierta.** Abra sus sentidos a lo que
le está llegando. Palabras de la gente, frases leídas en
libros. Investigue cómo se siente acerca de ellos. Lo que
"resuena" contigo es importante.

Esperando que este libro le haya resultado interesante
y de utilidad… Mi último consejo "¡Sea feliz!"

#########